Martin Wein

Nord-Pakistan

Zu Fuß durch den Karakorum

Wiesenburg Verlag

Bibliographische Information der Deutschen Nationalbibliothek:

Die Deutsche Nationalbibliothek verzeichnet diese Publikation
in der Deutschen Nationalbibliographie;
detaillierte bibliographische Daten sind im Internet
über http://dnb.d-nb.de abrufbar.

2. Auflage 2019
Wiesenburg Verlag
Postfach 4410 · 97412 Schweinfurt
www.wiesenburgverlag.de

Fotos: Martin Wein
Seite 56, 57, 58 und 59: Christoph Tepper

ISBN 978-3-95632-187-0

„In Bezug auf Exzellenz und reine Erhabenheit kann diese Gebirgsszenerie kaum übertroffen werden.“

Sir Francis Younghusband 1924 über den Karakorum

Inhalt

Ausgerechnet Pakistan!	11
Gleich nach Skardu	24
Am reißenden Braldu-Fluss	31
Zwangspause unter Pappeln	40
Auf den Gletscher	45
Hoch zu den Gasherbrums	65
K2 voraus	70
Ein langer Weg zurück	80
Zu den Hunzukutz	93
In und um und über Islamabad	105
Entdeckungen im Punjab	111
Ausgewählte Literatur	121

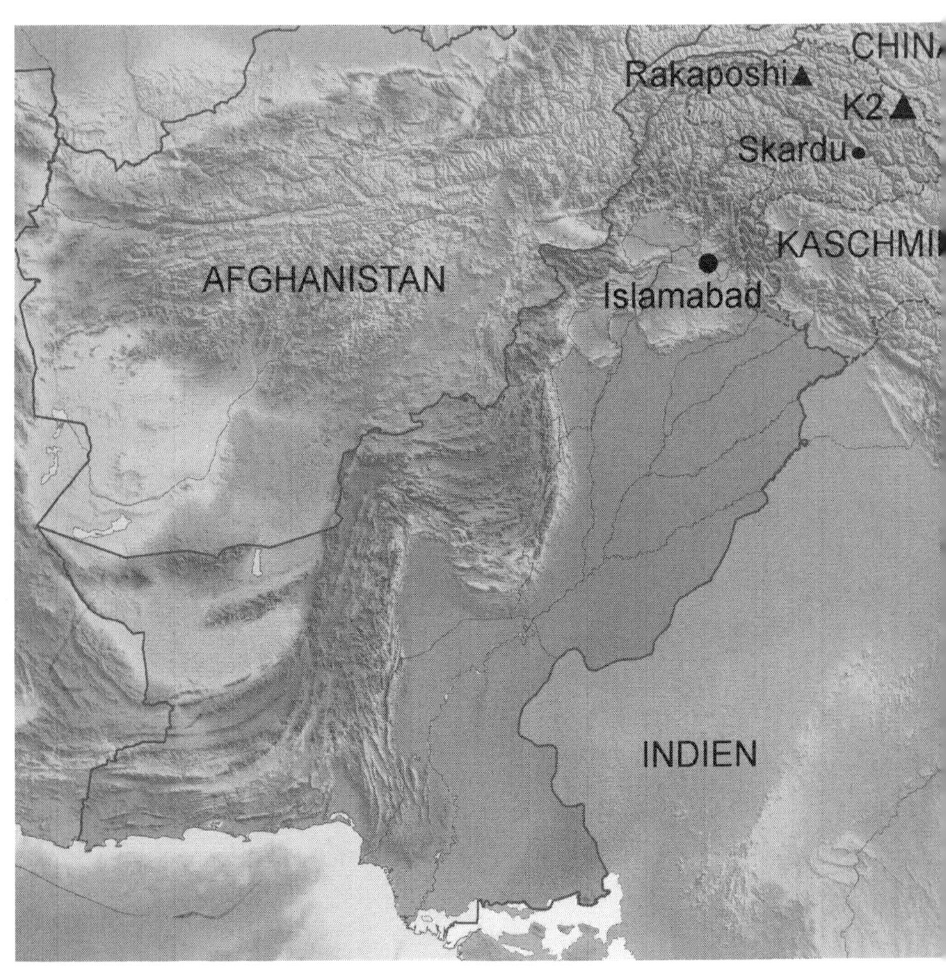
CHIN
Rakaposhi
K2
Skardu
KASCHMI
AFGHANISTAN
Islamabad
INDIEN

Ausgerechnet Pakistan!

Der Plan ist eine Expedition in luftigen Höhen durch das zentrale Karakorum-Gebirge im Norden Pakistans. „Das ist ja wohl eine Schnapsidee", sagt meine Mutter am Telefon und schiebt noch hinterher: „Ausgerechnet Pakistan!"

Zugegeben: Man kann durchaus gemütlichere Reiseziele wählen. Aber es gibt gute Gründe, diese Weltgegend mitten in Zentralasien zu erkunden. Zu Zeiten der Seidenstraße oder des *Great Game* war die Region schon einmal wesentlich mehr en vogue. Das wissen heute nur die wenigsten: Was denn eigentlich der Karakorum sei, fragte beispielsweise mein belesener Redaktionsleiter Max vor ziemlich genau zehn Jahren einen neu eingestellten Kollegen. Genüsslich stützte Max, der eigentlich Hans-Jürgen hieß - das tut zwar nichts zur Sache, spricht aber für seinen Schalk - sich auf seinen Schreibtisch zwischen den Papierstapeln, die sich einem Gebirge gleich auftürmten. Die Dardanellen und den Popokatépetl hatte Max schon früher für ähnliche Verhöre herangezogen. Doch in der Zwischenzeit hatte der Pressenachwuchs sich keineswegs mit einem Weltatlas gewappnet. „So etwas muss man nicht wissen", behauptete der Jung-Journalist ziemlich trotzig und zog einen Flunsch. Grunzend zog Max sich wie eine Schildkröte in ihren Panzer hinter seinem Papiergebirge zurück und grummelte noch, das Karakorum, na ja das sei aber schon eine „ziemlich große Sache".

So ähnlich wie dem Volontär geht es vielen. Das weiß ich, weil der der Unwissenheit Überführte auf der Suche nach anderen Unwissenden noch jahrelang jeden Gesprächspartner fragte, ob der denn wisse, was denn der Karakorum sei. Die Ergebnisse waren niederschmetternd. Fast niemand hatte davon je gehört oder gar eine Vorstellung davon.

Dabei hatte Max natürlich Recht. Der Karakorum ist eine „ziemlich große Sache". Noch in der Kreidezeit befand sich hier ein riesiger Ozean, die Tethys, umrahmt von Eurasien im Norden und Afrika und Indien im Süden. Die Kontinente waren mit dem Meeresboden fest verbunden. Als sich der Tethysgrund nun an den Rändern unter die Kontinentalplatten schob, zog er die Kontinente förmlich aufeinander zu. Geologen sprechen dabei auch von Subduktion. Vor 40 Millionen Jahren traf dank dieses Prozesses im heutigen Zentralasien die indische auf die eurasische Kontinentalplatte. Der Meeresboden der Tethys wurde dabei in den Erdmantel gepresst, wo sich das Sediment unter hohem Druck chemisch veränderte, eine Metamorphose durchlebte. Deshalb prägt metamorphes Gestein heute das Karakorum.

Seit der Kollision vor 40 Millionen Jahren schiebt sich Indien immer weiter nordwärts, derzeit mit einer Geschwindigkeit von rund vier Zentimetern im Jahr, und hat dabei in einem weiten Bogen von 700 Kilometern Länge ehemaligen Meeresboden von vielen hundert Kilometern Breite zu einem maximal 150 Kilometer schmalen Gebirgskamm aufgeschoben. Gewaltige Mengen absinkenden Gesteins haben dabei die Erdkruste darunter bis zu einer Dicke von 70 Kilometern anwachsen lassen. Erst dieser massive Sockel kann Berge mit einer Höhe von 8000 und mehr Metern tragen. Vier 8000er drängen sich derzeit im Karakorum.

Dazu kommen sage und schreibe 63 Siebentausender. Der höchste Gipfel in diesem zentralasiatischen Gebirgszug ist mit 8611 Metern zugleich der zweithöchste der Welt. Der K2 ist deshalb auch der Hauptgrund, warum es Menschen in diese Einöde zieht. Das liegt allerdings nicht nur an seiner schieren Größe. Der Gipfel sieht mit seinem gleichschenkligen Kegel auch genauso aus, wie man sich eben einen perfekten Berg vorstellt. Zudem ist er viel tückischer als die Nummer Eins, der Mount Everest, auf den heute fast jeder zahlungskräftige Tourist mit reichlich Flaschen-Sauerstoff und Dopingmitteln von dienstbaren Sherpas hinaufgeschleift wird. Vom K2 sprechen Bergsteiger mit deutlich mehr Respekt. Kurz gesagt: Wer sich für Berge interessiert, der kommt um den K2 nicht herum.

Außerdem ist eine Reise in dem Karakorum, selbst wenn man keinen Gipfelsturm plant, auch heute noch ein Abenteuer. Von Menschen wurde das Innere des Gebirges nie dauerhaft besiedelt. Ausländer wagten sich sehr spät hierher. Erst in der zweiten Hälfte der 1830er-Jahre erforschte der Brite Godfrey Thomas Vigne das Gebiet näher und berichtete später begeistert in seinen Vorträgen von den spitzen Bergriesen und Eisströmen. Einer der Gletscher wurde später nach ihm benannt. Zwei Jahrzehnte später stand der Münchener Geographie-Professor Adolf Schlagintweit im Auftrag der *British East India Company* 1856 als erster Europäer auf dem Baltoro-Gletscher. Alexander von Humboldt persönlich hatte ihm den Forschungsauftrag vermittelt. Zuhause konnte Schlagintweit von seiner Reise aber nicht mehr berichten. Als er im Jahr darauf nach Norden bis in die Nähe von Kashgar wanderte, wurde er festgesetzt. Im eskalierenden *Great Game* der Großmächte Russland, Großbritannien und China um die Vorherrschaft in Zentralasien verlor der lokale Hodscha die Nerven. Er hielt den Deutschen für einen chinesischen Spion und ließ ihn vorsichtshalber köpfen. So oblag es dem Briten Henry Haversham Godwin-Austen 1861 über den Baltoro-Gletscher aufzusteigen und einen ersten Blick auf den K2 zu werfen. Godwin-Austen zeichnete auch die erste brauchbare Karte der Region und wurde deshalb ebenfalls mit einem Gletscher seines Namens geehrt. Einige wollten gleich den K2 nach ihm benennen, aber irgendwie fand der Brite nicht genügend Fürsprecher.

Auch mehr als 150 Jahre nach Godwin-Austens Besuch ist eine Tour zum Fuß des K2 noch immer eine Strapaze. Erst nach einer zweitägigen Anreise in die Provinzhauptstadt Skardu, einer ganztägigen Jeepfahrt über bröckelige Lehmpisten bis ins letzte Dorf Askole und einer einwöchigen anstrengenden Wanderung über den Baltoro- und Godwin-Austen-Gletscher öffnet sich das einzigartige Panorama auf dem Concordia-Platz zum K2 und den anderen Eisriesen - falls das Wetter gerade mitspielt. Man muss sich dieses Erlebnis körperlich erarbeiten - Schneeregen, Sonnenglut, Fliegen und wochenlangen Komfortverzicht inklusive. Eine abgeschiedenere, lebensfeindlichere Gegend wird man außerhalb der Polregionen nicht finden. Anders als im Everest-Gebiet im Himalaja gibt es hier keine Straße zum Basislager, sondern allenfalls verschlungene Eselspfade, die wenige Wochen im Sommer gangbar sind.

Für mich ist eine solche Tour eine besondere Herausforderung. Endloses Wandern über Stock und Stein gehört gewissermaßen nicht zu meinen Kernkompetenzen. Es mangelt nicht am Willen. Ich sehe einfach schlecht, richtig schlecht. 10 bis 15 Prozent Sehkraft eines Normalbürgers bescheinigen mir Augenärzte.

Aber weil ich diesen Zustand nicht anders kenne, kann ich mit solchen Aussagen wenig anfangen. Jedenfalls ist das Sichtfeld u. a. durch die starke Brille und die unterschiedlich guten Augen so eingeengt, dass ich eigentlich auf jeden lockeren Stein trete, der in meinem Weg liegt. Teleskopstöcke und Übung helfen. Aber damit ich nicht dauernd auf der Nase liege, geht es in unebenem Gelände eben etwas langsamer voran. Der Weg sei einfach, war in den wenigen einschlägigen Trekkingführern zu lesen, die es für dieses Gebiet gibt. Andererseits variierten die angegebenen Gehzeiten erheblich. Ich beschließe, mir darüber nicht zu viele Gedanken zu machen. Wo Mulis durchkommen, sollte ich es auch schaffen, argumentiere ich. Notfalls wird eben geritten.

Bleibt noch das Thema Pakistan. „Ausgerechnet Pakistan!", hatte meine Mutter geschimpft, als sie von dem Plan hörte. Allenfalls als Basis der Al-Qaida wird das Land in Europa wahrgenommen, als Ziel US-amerikanischer Drohnenangriffe oder aber als Entwicklungsland mit Atomwaffen im ewigen Kaschmir-Streit mit dem Nachbarn und ewigen Konkurrenten Indien. Nachrichten von Überschwemmungen oder Erdbeben wirken da geradezu friedlich. Als Urlaubsland hat Pakistan jedenfalls keinerlei Reputation.

„Wir stellen Pakistan häufig in die Schmuddelecke. Tatsächlich ist es eines der größten Länder der Welt und dementsprechend vielschichtig, ja widersprüchlich. In großen Bereichen gibt es erstaunliche Ähnlichkeiten mit Europa. Viele Pakistaner denken zum Beispiel ausgesprochen westlich". Der Politikwissenschaftler Prof. Dr. Conrad Schetter von der Universität Bonn, den ich dazu befrage, kennt Pakistan ziemlich gut (s. Literaturliste). Zwischen den Großmächten China und Indien, dem desolaten

Afghanistan und dem zum Schurkenstaat erklärten Iran werde das Land kaum wahrgenommen, bestätigt er. Dabei sei die eigene Wahrnehmung eine ganz andere: „Pakistan sieht sich seit 1947 auf derselben Ebene wie Indien. De facto wissen die Pakistani längst, dass sie in einer andern Liga spielen, aber das schmerzt. Noch schlimmer ist die internationale Aufmerksamkeit für Afghanistan. Die Afghanen sind aus pakistanischer Sicht schiere Barbaren." Aus der Not heraus hätten die Pakistaner ihre eigene Wichtigkeit sehr laut betont, indem sie auf ihre vielen eigenen Konflikte zeigten.

Nicht nur für den Fremdenverkehr, sondern auch für die Suche nach internationalen Partnern ist das fraglos kontraproduktiv. Dabei ist Pakistan fast doppelt so groß wie Deutschland und Österreich zusammen. Im Norden des Landes treffen mit Hindukusch, Karakorum und Himalaja drei der höchsten Gebirge weltweit aufeinander. Die Indus-Ebene war der Schauplatz früher Hochkulturen. Hier entstanden Weltreligionen. Das Tiefland des Punjab ist noch heute durch ein dichtes Kanalnetz erschlossen und außerordentlich fruchtbar. Schließlich mündet der Indus in einem riesigen Fächerdelta von der Größe Hamburgs ins Arabische Meer und beschert dem Land mehr als 1000 Kilometer Küste. Von Nord nach Süd misst das Land rund 1500 Kilometer – und erst jetzt wird der Highway von der Hauptstadt Islamabad an die chinesische Grenze von chinesischen Arbeitskolonnen vollständig asphaltiert und umfassend ausgebaut.

Die Tatsache, dass Pakistan selten als eigenständige große Nation wahrgenommen wird, liegt vor allem in seiner Geschichte begründet. Eine eigenständig pakistanische Geschichte gibt es schließlich erst seit der Unabhängigkeit des Kunststaates im Jahr

1947. Das heißt aber nicht, dass die Region vorher ein weißer Fleck auf der Landkarte gewesen wäre. Während das alte Ägypten und selbst die Kulturen des fruchtbaren Halbmonds heute große Wertschätzung genießen, führt die Indus-Zivilisation der Bronzezeit außerhalb von Expertenkreisen zu Unrecht ein absolutes Schattendasein. Dabei war ihr Wirkungskreis im dritten Jahrtausend vor Christus größer als Ägypten und Mesopotamien zusammen. Die Reste von 140 Städten am Flusslauf des Indus wurden entdeckt. Die kulturellen Zentren waren wohl in Harappa und Mohenjo-Daro, wo aus genormten und gebrannten Ziegeln bronzezeitliche Metropolen nach einem festen Plan errichtet wurden. Die Landwirtschaft war ergiebig, die Wissenschaft hoch entwickelt. Mit monumentalen Tempel- oder Grabbauten hielten sich die Indus-Leute dagegen nicht auf. Während die Ägypter zeitweise nur für den Pyramidenbau ihrer Pharaonen lebten, ließen die Bewohner des Indus-Tals es sich alle gut gehen. Knapp ein Jahrtausend lang konnte sich die hoch entwickelte Kultur halten. Um 1800 v. Chr. war plötzlich Schluss - Ursache bislang unbekannt.

In der Folgezeit prägten vornehmlich Invasoren die Geschichte der Region. Aus Zentralasien wanderten Arier in das Gebiet ein und brachten die Ur-Überlieferungen des Hinduismus mit. Im vierten Jahrhundert vor unserer Zeit kamen die Lehren des Prinzen Siddharta Gautama aus dem heutigen Nordindien ins Indus-Tal. Gleichzeitig rückte von Westen her der makedonische Feldherr Alexander vor und brachte hellenistische Philosophie, Wissenschaft und Religion. Im Gandhara-Reich von Taxila (s. auch das letzte Kapitel) verschmolzen beide Einflüsse zu einer einzigartigen erfolgreichen Mischkultur.

712 kamen dann die Araber, die kaum 80 Jahre zuvor unter Mohammed einen beispiellosen Siegeszug im Namen Allahs begonnen hatten. In den folgenden 1200 Jahren wechselten sich die herrschenden Dynastien häufig ab. Eines aber war ihnen gemeinsam: Das Bekenntnis zum Islam. Hatte dieser zunächst den Indischen Subkontinent selbst nur gestreift, so saßen beispielsweise die Herrscher des Mogul-Reiches vom 16. bis 18. Jahrhundert in Delhi.

Den nächsten radikalen Bruch brachte das Jahr 1843. In dieser Zeit rückten die britischen Handelskompanien von ihrem bislang praktizierten Netz von Handelsstützpunkten ab. Der Wettlauf der europäischen Mächte um die Eroberung der letzten unbesetzten Gebiete hatte weltweit begonnen. 1843 sicherte sich die Britische Ostindien-Kompanie gewaltsam den Sindh am Arabischen Meer und bald darauf den Punjab. 1855 wurde das Gebiet direkt der britischen Krone unterstellt und bleib es fast ein Jahrhundert lang.

Doch im selben Jahr bereits firmierte sich jener Widerstand, der die Briten später wieder vertreiben sollte, in Gestalt des Indischen Nationalkongresses. Da diese Organisation von Hindus dominiert wurde, gründete sich 1906 die Indische Muslim-Liga, die in Pakistan bis heute eine zentrale Rolle spielt. Deren Chef Mohammed Ali Jinnah brachte in den 1930er-Jahren erstmals die Idee zweier indischer Staaten ins Gespräch und setzte sie bei der Unabhängigkeit der Kolonie durch. Die Gründung Pakistans am 14.August 1947 war zugleich ein Trauma für den jungen Staat. Sie wurde von heftigen Kämpfen und Auseinandersetzungen begleitet. Insgesamt rund 13 Millionen Menschen auf beiden Seiten der neuen Grenze verließen freiwillig oder mit Waffengewalt dazu genötigt ihre jeweilige Heimat. Eine Dreiviertelmillion Todesopfer soll das Durcheinander gekostet haben, schätzen Experten.

Und Pakistan war danach keineswegs ein gefestigtes Staatsgebilde. Das lag nicht nur daran, dass die Briten sich praktisch über Nacht aus der Verantwortung davonmachten, bevor funktionierende Strukturen wachsen konnten. Was aus Kaschmir werden sollte, war völlig offen und ist seither ein ständiges Hindernis auf dem Weg zu einem guten nachbarschaftlichen Verhältnis der Zwillingsstaaten Indien und Pakistan. Doch damit nicht genug: Auch das Kernland mit seinen zwei räumlich getrennten Teilen im Osten und Westen Indiens konnte praktisch nicht zu einer Nation zusammenwachsen. Zwar prägte der Islam in beiden Teilen Gesellschaft und Kultur. Doch im Osten, dem ehemaligen Bengalen, wurde nicht nur eine eigene Sprache gesprochen, sondern hier war auch eine zentralindisch geprägte Kultur etabliert. Als in dieser Situation auch noch der allgemein verehrte Staatsgründer Jinnah schon im Jahr nach der Unabhängigkeit starb, hatte nur das Militär die Macht, das Staatsgebilde notdürftig zu stabilisieren. Dabei wurde der Osten des Landes konsequent benachteiligt. Als sich dagegen politischer Widerstand formierte und mit der Awami-Liga auch großen Rückhalt bei den Wählern erhielt, wurde die Partei kurzerhand verboten. Ein blutiger Bürgerkrieg war die Folge - und die Unabhängigkeit Ostpakistans - des heutigen Bangladesh - im Dezember 1971. Das war Pakistans zweites großes Trauma.

Ende der 1980er-Jahre sah es so aus, als könnte sich Pakistan demokratisch fangen. Obwohl der Staat inzwischen als Islamische Republik firmierte, gewann mit Benazir Bhutto erstmals eine Frau die Präsidentschaftswahlen. Ein Jahrzehnt wechselten sie und Nawaz Sharif sich wiederholt an der Macht ab. Dann putschte 1999 nach einer gescheiterten Militär-Operation in Kaschmir General Pervez Musharraf und machte einmal mehr allen Hoffnungen auf langfristige Stabilisierung ein Ende. Auf dem Höhepunkt seiner Militärherrschaft wurde 2007 die charismatische Oppositionsführerin Benazir Bhutto in Rawalpindi ermordet.

Das Attentat machte der Mehrheit klar, dass ein Wandel vonnöten war. Die Oppositionsparteien siegten 2008 bei den Parlamentswahlen und einigten sich auf ein Bündnis. Bevor die neue Regierung ihn aus dem Amt heben konnte, trat Musharraf im Sommer desselben Jahres vom Präsidentenamt zurück. Bhuttos Witwer Asif Ali Zardari gewann im September die Präsidentenwahlen. Im Juni 2013 folgte ihm nach unerwartet friedlichen Wahlen erneut der Muslimliga-Chef und Industrielle Nawaz Sharif im Amt. In ersten Signalen nach Indien plädierte er für eine Entspannung des nachbarschaftlichen Verhältnisses, das beide Länder viel Rüstungs-Geld kostet. Nach wie vor ist die Macht im Staat aber in strikt geknüpften informellen Zirkeln verteilt. Korruption und Klientelismus sind stark verbreitet und der Grundbesitz in dem noch stark agrarisch geprägten Land ist sehr ungleich verteilt. Ob Sharif Pakistan unter diesen Umständen die dringend benötigte Ruhe und einen wirtschaftlichen Aufschwung bringen wird, ist schwer abzusehen.

Die Bevölkerung des Landes jedenfalls wächst rasant. Heute leben in Pakistan schätzungsweise 180 Millionen Menschen. Auf der Weltrangliste befindet sich die Islamische Republik damit immerhin auf Platz 6. Entsprechend vielfältig ist auch das Völker- und Sprachengemisch. Neben Urdu, Englisch und Hindi werden mehr als 50 weitere Sprachen gesprochen, unter allen mit größtem Abstand am häufigsten Panjabi. Zwar sind nach der Volkszählung von 1998 - neuere Daten gibt es nicht - mehr als 96 Prozent der Pakistanis Muslime. Aber innerhalb des Islam gibt es im Land zahlreiche Spielarten. Nicht nur Schiiten und die zahlenmäßig überwiegenden Sunniten beäugen sich oft argwöhnisch bis feindselig. Auch innerhalb der Sunniten gibt es verschiedene Schulen und Auffassungen, mehr oder weniger orthodox, mystisch oder liberal. Vor allem der durch Arbeitsmigranten aus Saudi-Arabien importierte und mit viel Geld von dort unterstützte radikale Wahabismus heizt die Stimmung an.

Ich frage Conrad Schetter, was dieses künstlich entstandene Riesenland überhaupt zusammenhält. Er gibt darauf eine erstaunliche Antwort: An erster Stelle sehe er die Schicksalsschläge, die man gemeinsam erlebt hat - die Trennung von Indien, die Abspaltung Ost-Pakistans 1971 und den ständigen Wechsel von Militärregimen und korrupten, demokratisch gewählten Regierungen. Die gemeinsame Geschichte habe die Entstehung einer pakistanischen Identität stark gefördert. Trotzdem seien alle pakistanischen Politiker besessen von der Angst, das künstlich entstandene Staatsgebilde könnte weiter erodieren.

Pakistan-Experte Schetter sieht in der erneuten Wahl Sharifs zwar keinen Durchbruch zur Demokratie. Aber: Das Land ändere sich in ganz kleinen Schritten. „Ich sehe bescheidene Ansätze zu einer Festigung der Demokratie. Das Militär hat in den letzten Jahren allerdings sehr clever agiert, indem es die formale Ebene den Parteien überlässt, auf der anderen Seite aber wenig von seinen Machtressourcen abgibt."

Pakistan bleibt mithin ein schwieriges Land, aber es gibt viele Gründe, sich dafür zu interessieren und die bescheidenen Erfolge positiv zu begleiten. Auch der Tourismus kann dazu beitragen. Er bringt nicht nur Devisen ins Land. Gerade der Trekking-Tourismus sichert zahlreiche Arbeitsplätze in der vernachlässigten Nordregion. Als das Militär im Frühsommer 2013 den Gondogoro-Pass schließt, den die meisten Expeditionen auf dem Rückweg vom K2-Basislager nutzen, sind vor allem die Menschen im Dorf Hushe am Ende des Treks betroffen. Fast alle Männer hier verdienen sich im Sommer als Träger, Köche oder Guides für die Besuchergruppen Geld dazu und sitzen nun buchstäblich auf der Staubstraße. Das ist bitter, denn Ausweich-Beschäftigung gibt es in dieser Gegend nicht. Und viele Pakistanis sind ohnehin bitterarm. Nach Erhebungen der Vereinten Nationen lebt fast jeder Fünfte im Land (17 Prozent) von umgerechnet weniger als einem US-Dollar am Tag.

Zudem hilft der Tourismus auch, ein Land aus der Vergessenheit zu holen und fördert den internationalen Dialog. Autoritäre Regime nehmen sich zunehmend zusammen, wenn auswärtige Besucher ihnen über die Schulter schauen. Und begeisterte Besucher werben mit ihren Berichten für das Land.

In diesem Sinne suchen mein Freund Christoph und ich den Kontakt zu einem Agenten in Islamabad. Er verspricht uns, Träger, Ausrüstung und einen Bergführer zu organisieren. Wir buchen Flüge nach Islamabad und beantragen die nötigen Visa. Wir möchten nicht nur zum K2 wandern, sondern auch den übrigen Norden Pakistans etwas näher kennen lernen. Das Abenteuer ruft.

Dann, nur fünf Tage vor unserer Abreise, werden am 23. Juni 2013 elf Bergsteiger einer internationalen Gruppe im Basislager des Nanga Parbat ermordet. Wie ein Überlebender später berichtet, müssen sie sich auf den Boden knien und werden mit Schüssen in den Hinterkopf getötet. Erstmals werden damit Ausländer direktes Ziel eines Terroranschlags. Die Attentäter haben einen mehrtägigen Marsch in Kauf genommen, um ihr Ziel zu erreichen. Eine Taliban-Gruppe bekennt sich später dazu. Angeblich ist die Tat ihre Vergeltung für den Tod ihres Anführers Waliur Rehman bei einem US-Drohnenangriff. Dabei sind nicht einmal Amerikaner unter den Opfern. Auch wenn die Staatsführung zusammen mit dem Großteil der Bevölkerung den Anschlag verurteilt - die Ermittlungen bringen kein Ergebnis. Der Berg aber wird für Ausländer bis auf weiteres gesperrt. Dabei hätte es eigentlich ein Leichtes sein müssen, die Täter dingfest zu machen. Das schürt den von vielen Insidern genährten Verdacht, dass der Staatsführung an einer echten Aufklärung nicht gelegen ist. Es gebe Politiker im Land, die militante Gruppen mobilisieren könnten, um das Kräfteverhältnis zu beeinflussen. Und der Staat gewähre ihnen den nötigen Freiraum, formuliert Politikexperte Schetter grundsätzlich.

Tagelang ringen wir mit uns, ob wir nach Pakistan fliegen sollen? Ist es sicher dort? Sind wir willkommen? Können wir unsere Expedition überhaupt durchführen. Wir telefonieren mit unserem Kontaktmann Ishak Ali vor Ort. „Heute ist es gut", sagt er. Wie es morgen sein werde, wisse er nicht und Allah wisse es wahrscheinlich auch nicht. Letztlich fliegen wir bei aller gebotenen Vorsicht doch und erleben ein echtes Abenteuer - und ja, ausgerechnet in Pakistan!

Gleich nach Skardu

Wochenlang haben wir mit uns gerungen, ob wir diese Reise überhaupt antreten sollen. Im Norden Pakistans sind Ende Juni zwei Dutzend Unbekannte in Polizeiuniformen nachts ins Basislager am deutschen Schicksalsberg, dem Nanga Parbat, einmarschiert und haben elf Touristen mit Kopfschüssen hingerichtet. Dieser Ort ist nur nach einem zweitägigen Fußmarsch erreichbar. Trotzdem ist es Polizei und Armee angeblich nicht möglich, die Täter aufzuspüren. Im Konflikt der radikalen Sunniten, die der Qaida aus Afghanistan nahe stehen, und den Schiiten und Ismaeliten, werden damit erstmalig Bergtouristen zur Zielscheibe. Bislang hatte es stets nur einheimische Opfer gegeben.

Die Nachrichten aus dem Land sind dürftig. Es ist lange unklar, was genau passiert ist und wie die Regierung darauf reagiert. Zwar wollen wir hauptsächlich in ein anderes Gebiet ganz im Norden des Landes, das allgemein als absolut sicher gilt. Aber zumindest auf dem Landweg von der Hauptstadt Islamabad müssten wir an der Radikalen-Hochburg Chilas vorbei - und wollten eigentlich auch auf einem Abstecher zum Nanga Parbat.

Nach langen Debatten mit unserem Mittelsmann in Islamabad und einigen Änderungen unserer Reiseroute beschließen wir, doch zu fliegen. Ein flaues Gefühl aber reist mit. Umso entspannter ist der Abflug am frühen Mittag von Frankfurt mit Etihad nach Abu Dhabi. Dort gibt es auf dem Flughafen sogar kostenlose

Duschen für Reisende. Bei der Zwischenlandung genieße ich den letzten Schokoladenkuchen mit Früchtetee vor der langen kuchenlosen Zeit. Der Weiterflug mitten in der Nacht beginnt mit 30 Minuten Verspätung, die aber durch das entspannte Einsteigen nicht so auffällt. Um 3.30 Uhr landen wir kurz vor dem Morgengrauen in Islamabad. Ich bin total erschöpft und kaum zu klaren Gedanken fähig. Ishak Ali, der für uns vor Ort die Expedition vorbereitet hat, holt uns ab. Er befördert uns erstmal ins Flughafenrestaurant mit dem Charme eines Mitropa-Wartesaals. Ein riesiger hoher Raum - und außer uns totale Leere. Nur die Ventilatoren an den Decken surren. Am Eingang steht ein Aquarium mit viel Grünzeug darin. Es riecht nach billigen Reinigungsmitteln. Die Kübelpflanzen wirken mitgenommen. Wir trinken schwarzen Tee und schlagen die Zeit tot. Dann machen wir uns auf die Suche nach Bargeld. Die Geldautomaten am Flughafen arbeiten sämtlich nicht. Nur mit Mühe kratzen wir das Geld für die Agentur zusammen. Für einen Kaffee haben wir leider keine Rupien.

Um sieben Uhr startet unser Weiterflug mit der nationalen Fluggesellschaft PIA in die Provinzhauptstadt Skardu. In 4000 Metern Höhe schwebt die kleine Propeller-Maschine zwischen Wolken und Bergen bis nach 45 Minuten der schweißtreibende Anflug beginnt. Wir wundern uns schon, dass das Indus-Tal gar nicht in Sicht kommt und rechnen schon mit der wetterbedingten Umkehr. Da reißt der Pilot das Höhenruder nach unten und beginnt ein steiles Sinkmanöver wie bei einem Absturz. Dann folgt eine 180-Grad-Wende in das tiefe, breite, braune Indus-Tal hinab. Wie ein Vorhang öffnen sich die Wolken hinein ins braune Nichts. Die Runway liegt mitten im Nirgendwo. Das winzige

Abfertigungsgebäude steht einige Kilometer entfernt. So habe ich das Gefühl, in totaler Einöde aus dem Flugzeug zu steigen. Das Gepäck landet auf einem alten Lastwagen. Adieu Zivilisation!

Ein alter Bus bringt uns Passagiere zum Ankunftsgebäude. Dort treffen wir unseren Guide Mohammed Aman, 34 Jahre alt, drahtig, mittelgroß und mit etwas zu langen schwarzen Haaren, kinderlos und Single aus dem letzten Dorf im Hunza-Tal an der chinesischen Grenze. Dann gleich die nächste Überraschung: Christophs Tasche fehlt. Dabei haben wir sie persönlich in Islamabad aufgegeben, aber der Gepäckraum der kleinen Maschine war vermutlich schon voll. Wir müssen beim lokalen PIA-Manager vorsprechen. Alles werde seinen Gang gehen, erklärt der wenig aufgeregt. Ich bin für Schimpf-Tiraden ohnehin zu müde. In einem offenen Uralt-Toyota mit Planenverkleidung rumpeln wir deshalb zu dritt erstmal ins Concordia-Motel. Dort fallen wir ins Bett und schlafen trotz der Hitze für die nächsten sechs Stunden in einen traumlosen Schlaf.

Um 14 Uhr treffen wir uns zum Lunch im Garten des Hotels. Der Blick über das Indus-Tal und die umliegenden Berge ist von hier aus wirklich atemberaubend. Zwar liegen die Schneeriesen noch in weiter Ferne. Doch auch so habe ich das Gefühl, in der Loge eines riesigen natürlichen Amphitheaters zu sitzen. Das Personal hat Blumen gepflanzt und wässert sie mit großer Umsicht. Aman hat noch eine gute Nachricht für uns: Die vergessene Tasche kommt wider Erwarten mit dem zweiten Flieger aus Islamabad. Nach dem obligaten Hühnchen mit Reis, Gemüse und Fladenbrot gibt es nach drei Anläufen am vierten ATM außerdem 10 000 Rupien - ca. 70 Euro. Im schmuddeligen Basar an der Hauptstraße kaufen wir davon erstmal zwei schwarze Regenschirme. Wir haben uns schon nach wenigen Kilometern Fußmarsch ins Stadtzentrum sofort überzeugen lassen, diese Trauerschirme seien als Sonnenschutz unterwegs ideal. Außerdem brauche ich noch ein Brillenetui.

Wir scheinen fast die einzigen Ausländer in der Stadt zu sein. Die Lage ist ruhig, von Bedrohung ist nichts zu spüren. Ehrlich gesagt scheint sich überhaupt niemand für uns zu interessieren. Die Stimmung bessert sich damit rasch. Vor dem Abendessen unternehmen wir noch einen kleinen Spaziergang ins Tal zwischen Getreidefeldern und Aprikosenbäumen hindurch zu einer Badestelle der Dorfjugend. Die begleitet uns dann auch ein Stück und versucht, ihre Englisch-Kenntnisse anzuwenden.

Früh am nächsten Morgen fahren wir gleich zum obligatorischen Briefing im Tourismusbüro der Provinz. Man sei froh, dass wir da sind, sagt der Direktor in seinem saalartigen Büro und lässt Saft bringen. Von einem Besuch der Internationalen Tourismusbörse in Berlin hat er einen Plastikball mit dem ITB-Logo mitgebracht und staunt über Deutschland. Das Briefing selbst ist eine Formsache mit einigen Unterschriften. Die *German K2 Basecamp Expedition 2* ist bereits genehmigt. Der Weg bis zum K2-Basislager steht uns offen. Nur der Gondogoro-Pass ist gesperrt, nachdem es in der Vergangenheit zu Gedränge und zu Misstönen zwischen Trekkinggruppen und dem Militär gekommen sei. Wir werden also denselben Weg zurück nehmen müssen.

Wir wollen noch Geld abheben für die Trinkgelder, aber die Banken haben keines mehr. Stattdessen lädt die Belegschaft der Soreli-Bank uns zum Tee und Klönen ein. Es komme ja nicht häufig, dass Ausländer hier vorbeikämen, erzählen sie. Die Stadt leidet insgesamt stark unter der immer noch geschlossenen Grenze zu Indien, was sie auch wirtschaftlich in eine totale Randlage drängt. Experten vermuten, das Handelsvolumen beider Länder könnte um 400 Prozent zunehmen, wenn die zwei Erbfeinde den Kaschmir-Konflikt beilegen würden. Vor allem der Punjab im Süden würde davon stark profitieren. Aber auch im Norden würde die Isolation enden und das Gebiet würde wieder zum Treffpunkt der Kulturen Zentralasiens.

Arbeit gebe es in diesen Krisenzeiten kaum, erzählen die Bankangestellten. Und von der Zentralregierung fühlen sie sich weitgehend vergessen. Außerdem war man in Baltistan auch kulturell stets eher in Richtung Kaschmir und Tibet orientiert als in Richtung Süden. Zudem ist der Tourismus, neben dem Ackerbau die einzige Erwerbsquelle, durch die geschlossenen Grenzen stark eingeschränkt. Die wenigsten Besucher haben schließlich so viel Glück wie wir und erwischen einen der seltenen Direktflüge. Unser Agent in Islamabad schätzt, mindestens jeder zweite Flug falle aus. Wer am Boden bleibt, der muss sich dann von Islamabad drei Tage lang im Allradfahrzeug in den Nordosten Pakistans quälen. Und auch das ist für hiesige Verhältnisse schon Luxus: Erst seit wenigen Jahrzehnten gibt es überhaupt eine befahrbare Stichstraße bis Skardu.

Nach den Pflichtterminen machen wir erstmal einen langen Mittagsschlaf gegen den Jetlag. Am späten Nachmittag wandern wir zum Kharphocho - tibetisch für „Große Burg“ hinauf. Der Weg ist steinig und endet an einem großen Holztor. Aman klopft heftig daran. Schließlich öffnet ein alter Wächter von innen eine kleine Luke im Tor und lässt uns hinein. Der Großteil der Anlage liegt in Ruinen da, die der Erosion schutzlos ausgeliefert sind. Einige Dächer drohen einzustürzen.

Neben dem Wächter campieren auch einige Soldaten der pakistanischen Armee in den Ruinen. Ihre winzigen Zelte drohen bei jedem Windhauch umzufallen. Abgerissen sitzen die Männer mit einem Fernrohr auf einem wackeligen Stativ davor und bewachen die Stadt. Ein paar verirrte Hühner trippeln dazwischen herum. Der Anblick ist bedrückend und irgendwie sinnbildlich für den Zustand der ganzen Gegend.

Der Blick von den Burgmauern auf die Stadt mit ihren 25 000 Einwohnern aber ist großartig. Jetzt erst zeigt sich Skardu als grüne Oase in der staubigen Einöde der Berge. Zahlreiche Bäume und auch die Felder der Umgebung lassen das Tal zu einem liebenswerten Flecken werden. Das in Kanälen aufs Land geführte Induswasser macht es möglich. Was für ein schöner Ort könnte dies sein, wenn die Stadt mehr Möglichkeiten zur Entwicklung hätte.

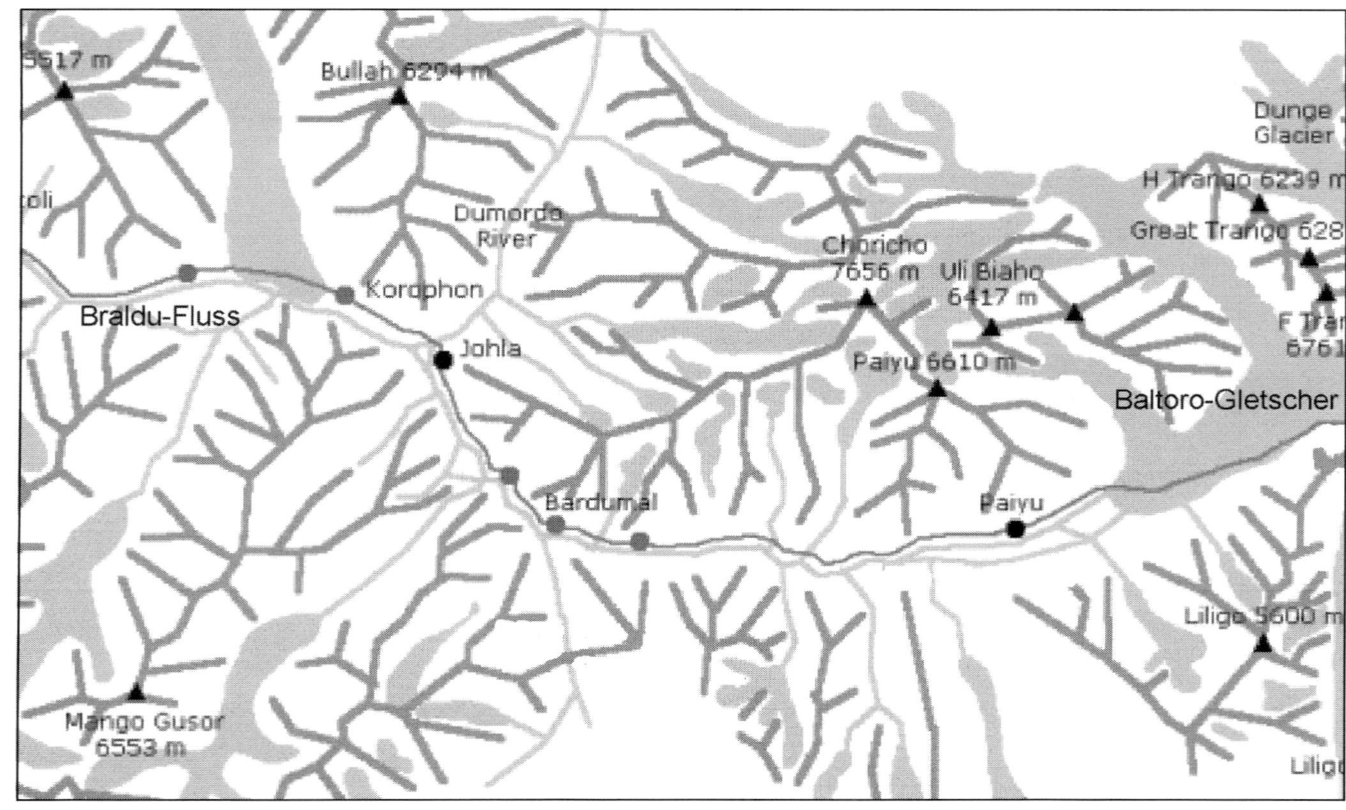
Bullah 6294 m
Dunge
Glacier
H Trango 6239 m
Dumordo
River
Choricho
7656 m
Uli Biaho
6417 m
Korophon
Braldu-Fluss
Johla
Paiyu 6610 m
Baltoro-Gletscher
Bardumal
Paiyu
Liligo 5600 m
Mango Gusor
6553 m

Am reißenden Braldu-Fluss

Die Banken haben auch am nächsten Morgen kein Geld. Wir sollen in fünf Stunden wiederkommen, gibt uns ein bewaffneter Wachmann zu verstehen. Vielleicht könnten sie dann den Automaten auffüllen. Darauf wollen wir nicht warten, zumal über den Bergen viele Wolken aufziehen. Regen auf der Piste können wir nicht gebrauchen. Um zehn Uhr brechen wir ohne Geld auf. In dem robusten Toyota-Kastenwagen haben wir vorne noch die besten Plätze, obwohl es zu zweit auf dem Beifahrersitz höllisch eng ist. Auf der Ladefläche drängeln sich 16 Leute, von denen nicht klar ist, wer davon eigentlich zu uns gehört.

Mehrere Armee-Posten kontrollieren bei der Ausfahrt aus der Stadt unsere Pässe und Genehmigungen. Durch das Shigar-Tal fahren wir zunächst noch auf Asphalt ins Braldu-Tal. Bald gibt es nur noch Staubpiste. Mehrmals müssen wir den reißenden Braldu River überqueren, einen Nebenfluss des Shigars, der sich bei Skardu mit dem Indus vereint. Es gibt nur wenig Vertrauen erweckende Hängebrücken. Dort ist ein Haufen Bretter achtlos über die Stahlseile gelegt. Die Passagiere hinten laufen vorsichtshalber, um das Gewicht unseres Fahrzeuges zu reduzieren. Fotos sind verboten - angeblich aus strategischen Gründen. Vielleicht ist den pakistanischen Behörden der Zustand ihrer Infrastruktur auch schlicht peinlich. Über deutsche Autobahnbrücken wird man nach einer solchen Fahrt jedenfalls kein böses Wort mehr verlieren. Leider hat sich der Himmel dunkel zugezogen. Die Landschaft wirkt abweisend und ein wenig unheimlich. Trotzdem gibt es Lichtblicke: Am Flussufer blüht Lavendel in dicken Büscheln.

Die Straße wird immer enger. Ohne Leitplanken oder Mäuerchen verläuft sie einspurig auf Lehmhängen hoch über dem Fluss, rechts durch steile Abhänge mit viel Steinschlag begrenzt. Die Armee hat sie gebaut und unterhält sie, um ihre Camps in den Bergen zu versorgen. Der Zivilverkehr ist hier nur Zaungast und auf eigene Gefahr unterwegs.

Auf den Gipfeln tauchen erste Eisfelder auf. Nach vier Stunden Fahrt halten wir Lunch im *K2 Inn* direkt über dem Fluss. In einem grünen Garten werden uns Reis und Hammel serviert. Man glaubt sich am Ende der Welt. Aber der Eindruck täuscht: In der Gegend werden Mineralien gefördert. Der Wirt zeigt uns Kostproben. Ich frage, wie die Menschen hier oben im Winter versorgt werden. Der Salzgehalt im Gestein sei derart hoch, dass die Straße auch im Winter nicht zufriere, erklärt Aman. Trotzdem brauchen wir für die insgesamt nur 100 Kilometer bis zum Startpunkt unseres Treks volle sieben Stunden. In vielen scharfen Kurven geht es am Nachmittag immer am Fluss entlang zwischen blühenden Heckenrosen hindurch nach Norden. Kurz vor dem Ziel hat der Wagen einen Defekt an den Bremsen, zum Glück auf einem kurzen ebenen Stück. Wir laufen voraus und sind am späten Nachmittag schließlich im Dorf Askole am Ende der Piste. Während Aman und unsere neuen Begleiter im Garten eines Landhauses das Lager für die Nacht aufschlagen, zeigen die Jungs des Dorfes uns ihre „Cricket-Arena". Mit kleinen Ästen haben sie ein provisorisches Tor markiert. Wir sitzen auf einem

Steilhang über dem Weg und sehen ihnen zu, wie sie mit Steinchen darauf zielen. Ich verteile Kaubonbons und ein vielleicht Zwölfjähriger fragt mich, was wohl das beste Buch der Welt sei. Ich ahne bereits, was da wohl kommen wird und liege richtig: „Der Koran", sagt er mit wichtiger Miene. Wahrscheinlich hat der Kleine einfach ein Thema für eine Unterhaltung gesucht. Viele Bücher hat er in dieser Gegend vermutlich noch nie zur Hand bekommen. Selbst in Skardu war er noch nie. Aber er ist schon einmal ein Stück des Wegs gegangen, der in den nächsten Tagen vor uns liegt. In ein, zwei Jahren will er im Sommer auch als Träger oder wenigstens als Eselstreiber anheuern.

Während das erste Dinner im Messe-Zelt brutzelt, überfällt mich dreimal ein fürchterlicher Durchfall mit Brechanfällen. In der Nacht pendele ich zwischen Zelt und der Hocktoilette unseres Campingplatzes. Zuhause habe ich eine kleine Reise-Apotheke zusammengestellt und eigens eine Sportmedizinerin bezüglich der Höhenkrankheit konsultiert. Dass es mich so schnell erwischen würde, hätte ich aber nicht gedacht. Die fremdartigen Gewürze und die vielen Kohlenhydrate in der hiesigen Kost verlangen bei der Umstellung des Magens aber ihren Tribut. Und das *K2-Inn* war offenbar ein Gourmet-Tempel für Mikroben. Zudem stellt sich heraus, dass die neue Therm-A-Rest-Matte undicht sein muss. Nach 30 Minuten ist sie nach jedem Aufpusten wieder leer. Furchtbare Rückenschmerzen machen sich breit – und morgen beginnt der Treck.

Fazit: Die Nacht ist schrecklich. Kein Problem also, dass wir um fünf Uhr früh wieder aufstehen. Ich kann nur Tee trinken und frage mich, wie das heute gehen soll. Zwei Stunden später sind wir abmarschbereit, nachdem wir nach einigem Fragen bereits einen Ladenbesitzer gefunden haben, der eine verstaubte Flasche Cola für mich aus der Tiefkühltruhe zieht. Durch Weizen- und Kartoffelfelder wandern wir tiefer hinein in das offene Tal des Braldu-Flusses. In einem Seitental liefert seit fünf Jahren ein Wasserkraftwerk Strom für das Dorf. Seitdem gibt es hier immerhin keine Stromausfälle mehr.

Am Himmel zeigt sich keine Wolke und keinerlei Dunst. Schon am frühen Morgen brennt die Sonne deshalb wahnsinnig heiß auf die schon bald kaum noch bewachsenen Felswände hinab. Wo nicht künstlich bewässert wird, da halten sich nur vereinzelt in Nischen und Felsvorsprüngen noch Pflanzen. Zu unserem Erstaunen stoßen wir aber immer wieder auf Büsche üppig rosa blühender Heckenrosen. Sie werden oft bis zu zwei Meter hoch und scheinen sich an der Trockenheit nicht zu stören. Bäume und damit Schatten sind hingegen eine absolute Seltenheit. Die schwarzen Regenschirme, die wir in Skardu gekauft haben, sind der einzige Trost. Sie halten die Sonne zuverlässig ab. An der Unterseite sind sie sogar silbern beschichtet. Allerdings bildet sich darunter eine unangenehme Hitzeglocke.

Um 11 Uhr erreichen wir den Rastplatz Korophon in einem jungen Hain am Ufer eines Baches. Hier gibt es zumindest ein wenig Schatten. In der Pause liege ich eine Stunde flach. Ich bin geschwächt und will keine Kreislaufprobleme riskieren. Außerdem scheint die Sonne so hell, dass sie selbst unter der Sonnenbrille noch die Augen blendet. Doch Aman drängt zum Aufbruch. In der größten Hitze laufen wir weiter. Der Weg führt immerhin ohne größere Probleme mit einigen Engstellen an einer tiefgrau gefärbten Gletscherzunge vorbei in ein schmaleres Seitental hinein. Schließlich können wir unser Camp Jola für diese

Nacht auf dem gegenüberliegenden Hang ausmachen. Es gibt aber erst nach einem Fußmarsch von weiteren 40 Minuten eine schmale Hängebrücke über den Fluss. Und der ist heute so reißend, dass man ihn nicht durchwaten sollte. Aman erzählt uns, dass er in seinem ersten Jahr als Träger an eben dieser Stelle einen üblen Unfall hatte. Eine Frau hatte sich geweigert, den Fluss zu durchwaten. Also nahm er sie auf die Schultern und stapfte los. Das konnte nicht gut gehen. Am Ende lagen beide klatschnass im schäumenden Wasser. Die Dame habe sein Bemühen aber immerhin gewürdigt und sich nicht beschwert.

Somit vorgewarnt nehmen wir den Umweg in Kauf. Dann geht es auf der anderen Seite wieder zurück. Das kostet die letzten Reserven, aber um 15.30 Uhr sind wir endlich am Ziel. Der erste 6000er liegt mit schneebedecktem Gipfel dem Talausgang gegenüber. Unser Zelt ist zum Glück schon aufgebaut, so dass ich gleich reinschlüpfen kann. Im Camp gibt es sonst keinen Schatten. Richtig fit fühle ich mich nicht. Zweifel plagen mich, ob ich die Tour überhaupt durchstehen werde. Immerhin gelingt es uns nach einer angemessenen Pause, das Loch an der Unterseite in meiner Isomatte zu lokalisieren. Normalerweise werden die Klebestellen zwischen Ober- und Unterseite undicht. Doch dort suchen wir vergebens. Wir tauchen die Matte in einen mit Wasser gefüllten Eimer. Schließlich entdeckt Christoph auf der Unterseite verräterische Blasen. Im Erste-Hilfe-Paket habe ich eine Rolle Leukoplast. Die kommt jetzt zu ihrem Einsatz. Und ja: Das Provisorium hält! Nach dem Abendessen, das für mich wieder etwas dürftig ausfällt - Suppe und Reis müssen reichen - gehen wir gleich um 20 Uhr schlafen.

Schon um 5.15 Uhr klingelt am nächsten Morgen der Wecker. Um 6.30 Uhr geht es los. Wir haben gelernt, früher aufzubrechen, damit es noch nicht so heiß ist. Und: Weniger in den Tagesrucksack. Mein Magen rumort immer noch. Es wird Zeit für Imodium. Man kann ja viel erzählen, dass der Darm die schädlichen Stoffe besser abgeben solle. Aber unterwegs auf einer solchen Tour kann man das absolut nicht gebrauchen. Also her mit der Chemie!

Die erste Stunde laufen wir noch im Schatten der Bergflanken durch herrlich kühle Bergluft. Danach wird es auf einen Schlag wieder heiß - richtig heiß. Das Gestein um uns herum saugt die Hitze förmlich auf und strahlt sie wieder ab wie ein Heizstrahler. Der Temperaturunterschied geht enorm auf den Kreislauf. Wir folgen dem Braldu-Fluss weiter bergan. In reißendem Tempo stürzt er mit viel Geröll und gelösten Sedimenten ins Tal. Im Nichts taucht plötzlich eine Bude der pakistanischen Armee auf – jemand hat auf der niedrigen Umfassungsmauer glänzende Plastikpalmenzweige in Glasflaschen gesteckt. Die Armee hat auch den Weg hier in den Nationalpark Zentral-Karakorum geebnet und teilweise mit kleinen Steinen zu beiden Seiten deutlich markiert. Er ist insgesamt erstaunlich sauber und die Anstiege halten sich in Grenzen, auch wenn es kontinuierlich bergauf geht. Mehrere Eidechsen kreuzen den Pfad. Ansonsten sind trotz Nationalpark keine Wildtiere zu sehen. Dabei ist die öde Bergwelt durchaus die Heimat von Steinbock, Blauschaf, Schraubenziege und dem Marco-Polo-Argali. Die letzteren Riesenwildschafe können mehr als 200 Kilogramm auf die Waage bringen. Gejagt werden die Weidetiere von Luchsen, Wölfen, Braunbären und den sehr selten gewordenen Schneeleoparden. In dieser Gegend wurde das Wild durch die Jagd aber entweder bereits fast vollständig dezimiert. Oder es hat sich in die hintersten Winkel und in große Höhen zurückgezogen.

Die Mittagspause machen wir schon früh in brütender Hitze ohne jeden Schatten bei einem flachen Steinbau, der wohl auch von der Armee genutzt wird. Die Sonne steht praktisch senkrecht über uns. Wir kauern im Schneidersitz unter unseren breiten Sonnenschirmen auf der blauen Zeltplane, trinken Tee und finden es seltsam. Natürlich bleiben wir keine Minute länger als nötig hier. Etwas später aber finden wir einen Platz mit zwei, drei etwas größeren Bäumen an einem Felshang, unter die man sich setzen kann. Aman hängt meinen Schirm in einen Ast. Das bringt noch etwas mehr Schatten. Ich bestehe auf einer vernünftigen Pause, aber Christoph und Aman gönnen mir nur 30 Minuten als hätten sie Flöhe im Hintern. Danach rennen wir weiter durch die Mittagshitze. Mir kommt es vor, als seien es mindestens 40 Grad. Das kann aber auch noch an meiner Magenverstimmung liegen, die den ganzen Körper durcheinander bringt.

Ein Geröllfeld und ein Gletscherabfluss ohne Überweg behindern unser zügiges Fortkommen. Mit den Teleskopstöcken stochere ich nach dem besten Weg. Aman ist entsetzt. Ständig ruft er „Oh my god" wie ein Amerikaner. Das nervt mich kolossal, aber da müssen wir beide durch. Christoph läuft voraus und kriegt von diesem seltsamen Schauspiel nur wenig mit.

Schließlich geht es auf schmalem Pfad, und schmal heißt hier zwei Füße breit, an einer steilen Bergflanke entlang. Wiederholt kommen uns andere Gruppen, die ihre Tour bereits abschließen, entgegen und wir müssen ihren Pferden auf höher gelegenes Terrain ausweichen. Auch das kostet viel Zeit.

Die Sonne ist nun bereits soweit gewandert, dass unser Weg nun im Schatten liegt. Ermattet setze ich mich schließlich auf einen großen Stein im Schatten hoch über dem Fluss. Angeblich ist es nicht mehr weit zu unserem Lager. Also plane ich in Ruhe hier auszuruhen, den Blick zu genießen und die beiden anderen in ihrem Tempo vorlaufen lassen. Soweit der Plan. Nein, das gehe - „oh my god!" - natürlich nicht. Wie ein Rumpelstilzchen tanzt Aman um mich herum, es sei ja nicht mehr weit und der Weg ganz „easy". Und um 16 Uhr müsse man ja auch da sein - für den „four o'clock-tea". Es ist zwar erst kurz vor drei, das spielt in der Argumentation aber keine Rolle, da Aman keine Uhr dabei hat.

Also laufen wir weiter. Nach 20 weiteren Minuten tauchen dann tatsächlich die schon bekannten Toilettenkabinen am Hang und 100 Meter dahinter ein paar hohe Pappeln auf. Die Japan Greenhouse Foundation hat sie angepflanzt und mit einem System aus Plastikschläuchen aus einem Gletscherbach bewässert. In den Wasserhähnen neben den Duschkabinen kommt dagegen kaum etwas an. Nur ein einziger Hahn an einem Waschbecken funktioniert. Den großen Eimer, aus dem man sich in der Dusche mit Wasser übergießt, kann man nicht darunter halten. Ich fülle den Eimer also geduldig mit dem kleinen Becherchen. Wir haben ja viel Zeit. Christoph steht daneben und kann es nicht fassen. Die Dusche nach zwei Tagen schweißtreibenden Marsches ist dann aber die Mühe wert.

Erfrischt nehme ich mir anschließend unsere Ausrüstung vor. Aus dem Schlafsackbeutel von Christoph hat sich das Zugband verabschiedet. Mit einer Sicherheitsnadel fädele ich es wieder ein. Zum Glück habe ich ein winziges Nähset dabei, das ich mal aus einem guten Hotel mitgenommen habe. So kann ich auch Christophs Trekkinghose nähen, die an unschöner Stelle aufgerissen ist. Ein Porter fädelt mir dazu den Faden ein. Mein Begleiter ist zuverlässig absent. Die Fotosucht hat ihn gepackt. Er wird am Ende der Tour mit 4000 Aufnahmen nach Hause kommen. Als krönenden Abschluss suche ich anschließend eine Stunde lang meine Lesebrille in unserem Zelt, die ich nach dem Nähen abgelegt hatte. Dieses Zeltchaos!

Richtig fit fühle ich mich noch nicht. Die beiden ersten Etappen haben mich erheblich geschlaucht. Und der längste Tagesmarsch liegt noch vor uns. Meine vorsichtig geäußerten Bedenken, ob die Neun-Stunden-Tour übermorgen angesichts meiner angeschlagenen Kondition eine gute Idee sei, werden schroff abgewehrt. Dann könne man ja gleich nach Hause gehen! Für Abweichungen sei keine Zeit. Nun, morgen ist erstmal ein Ruhetag für die Träger eingeplant, die im Schatten der Bäume hier seit Jahrzehnten ihre Chapatis backen. Sie lassen sich dabei gar nicht hetzen. Auf dem weiteren Weg gibt es kein Feuerholz mehr. Zwar backen die Träger heute auch mit einem Kerosinofen, aber Tradition ist auch im Karakorum heilig.

Zwangspause unter Pappeln

In der Nacht hat es Christoph erwischt. Irgendwann am späten Abend ging's los mit dem Erbrechen und nahm kein Ende. Zum Glück hat er es immer noch geschafft, sich aus dem Schlafsack und Zelt zu kämpfen, aber nun gewissermaßen unseren Vorgarten entweiht. An Schlaf war für uns beide nicht zu denken. Am Morgen ist er total schwach und apathisch. Mit Mühe bewegen Aman und ich ihn dazu, sich draußen auf eine Matte zu legen, als es unter dem Zeltstoff zu heiß wird. Medikamente braucht man ihm gar nicht zu geben, denn er kriegt nichts runter - jedenfalls nicht länger als zehn Minuten. Deshalb will er auch nichts trinken und macht es damit natürlich noch schlimmer. Aman sagt ständig „oh my god", was ja irgendwie komische Züge hat. Wie ein Häufchen Elend liegt Christoph im Staub, umschwirrt von Fliegen, die Aman und ich stundenlang mit ein paar Zweigen abwechselnd wegwedeln, bis wir das Lager mit der drehenden Sonne wieder um ein paar Meter verschieben müssen.

Mir geht es dagegen heute so gut, dass ich erstmalig wieder nennenswert frühstücke. Nur der Geruch von Eiern treibt mich fast noch aus dem Zelt und das angebotene Omelette lasse ich lieber liegen. Nur eine Blase habe ich mir gelaufen. Außerdem ist die Nase von dem vielen Staub auf dem Weg so trocken, dass man sich ständig Blut herausputzt.

Zum Glück habe ich ein Buch mitgenommen, mit dem ich mir die Zeit verkürze. Im Lager treibe ich einen Stuhl auf, der eigentlich nur noch aus dem Außengestell besteht. Aber selbst dieses ramponierte Sitzmöbel ist deutlich besser, als im Staub zu sitzen. Aman ist total fasziniert, wie man einen halben Tag lang lesen kann und hält mich jetzt wohl für überaus gebildet. Dabei ist es nur ein Thriller über die Machenschaften im DDR-Sport.

Am Nachmittag kommt eine weitere internationale Gruppe aus dem Camp Jola an und stellt ihre Zelte oberhalb am Hang auf. Dabei ist auch Peter aus Montreal, der sich als Facharzt für Nierenleiden vorstellt. Er ist ein netter Typ in den 50ern, der sich alleine im öffentlichen Bus über den Karakorum-Highway nach Skardu gewagt hat. Alle Achtung. Er hat für Christoph Zäpfchen gegen Übelkeit dabei. Nach einer Stunde kann der endlich wieder etwas trinken. Er sei total dehydriert, so die Diagnose. „Oh my god", ruft Aman zustimmend und holt gleich heißen Tee und abgekochtes Wasser.

Christoph muss sich noch ausruhen. Ohne Gegenwehr hat er einem zweiten Pausentag zugestimmt. So lagern wir einen weiteren Tag im Schatten des mächtigen *Lilygo-Peak*. Der Berg ist nach einer Amerikanerin benannt, die nachts an seiner Flanke abgestürzt sein soll. Der Koch der Expeditionsgruppe fand sie morgens und rief „Lili go". In der lokalen Shena-Sprache war es weniger pietätlos. Da heißt es „Sie ist tot". Der Namensgeber des Berges könnte aber auch eine Blume sein, die hier wächst, meint Aman. Jedenfalls zeigt die Episode, dass das Terrain nicht ganz ohne ist. So einfach auch der Weg aussieht - und so unbedarft etliche der Wanderer wirken, denen wir begegnet sind - ungefährlich ist die Gegend nicht. In unserem Camp rastet heute auch ein älteres Ehepaar aus Spanien. Zusammen mit ihrer Schwiegertochter und einer Begleitmannschaft haben sie am Broad Peak nach ihrem Sohn gesucht, der dort auf einer Expedition im letzten Winter verschollen ist. Seine Leiche wurde aber auch jetzt nicht entdeckt. Die Witwe ist erst 27 Jahre alt.

Unser Küchenhelfer Issa Kahn, ein sehr bemühter Mann Mitte 40, der von der Sonne schon zum Greis verdorrt worden ist, hat gestern Abend nach dem Dinner gefragt, ob es in Deutschland eigentlich viele arme Menschen gebe? Armut ist relativ, habe ich geantwortet. Dann erzählte er, wie sie auf einer anderen Tour vor Jahren die Leiche eines Deutschen gefunden hätten. Den Pass hätten sie mitgenommen und damit die Witwe ermittelt und angerufen. Der Mann wurde schon länger vermisst. Jetzt bat die Witwe darum, ihn zu bergen. Um die Kosten wolle sie sich kümmern. Als die Crew nach der Bergung die Abholung oder Bestattung besprechen wollte, sei die Frau nicht mehr ans Telefon gegangen. Da möchte man doch vor Scham im Boden versinken.

Adolf Hitler hingegen hat bei den Pakistani einen exzellenten Ruf. Der sei ja so konsequent gewesen, findet Aman. Konkret weiß man hier allerdings nichts über diese Zeit. Aman fragte mich, was Hitler eigentlich wollte. Ich sagte, er sei eine Art Taliban gewesen - aber ohne Religion. Das verstehen sie hier wohl am besten. Und auf die Taliban, die ihre Geschäfte behindern, sind die Balti nicht gut zu sprechen. Vielleicht sei dieser Hitler doch nicht so toll gewesen, lenkt unser Trekking-Führer mit würdigem Ernst ein.

Ich nutze die Zeit, um meine Trekking-Socken zu waschen. Das Waschwasser ist anschließend tief ockerfarben. Aman spannt mir eine improvisierte Wäscheleine. Auf meinem Stuhl ohne Sitzfläche balanciere ich dann stundenlang und schreibe Ansichtskarten. Mein Buch ist inzwischen ausgelesen in der Reisetasche gelandet.

Bereits am Vormittag zieht sich der Himmel zu. Es könnte sein, dass uns morgen die Sonnenhitze erspart bleibt. Angesichts der bevorstehenden langen Tagesetappe soll es mir nur recht sein. Nur die Fliegen nerven. Die vielen im Camp herumlaufenden Pferde locken sie magisch an. Als vor einigen Jahren noch Träger ausschließlich den Transport von Vorräten und Ausrüstung übernahmen, habe es auf der gesamten Strecke keine Fliegen gegeben, berichten die Träger. Aman tröstet mich, erst morgen würden die Insekten richtig lästig, ja unerträglich und gefährlich, weil sie einen vom Weg ablenkten - „oh my god". Das sind ja Aussichten!

Am Nachmittag wagen wir uns aus dem Schatten hinaus zu einem kleinen Spaziergang. Wir steigen ein wenig auf, um unsere Körper besser an die Höhe zu akklimatisieren. Immerhin sind wir bereits auf 3400 Metern - und morgen erreichen wir knapp die 4000er-Marke. Nach einer Stunde hat aber selbst Christoph erstmal genug. Nein, weitergehen müsse man nicht. Für mich sei ja auch der steinige steile Seitenpfad etwas schwierig, gibt er sich jovial. Ich widerspreche nicht.

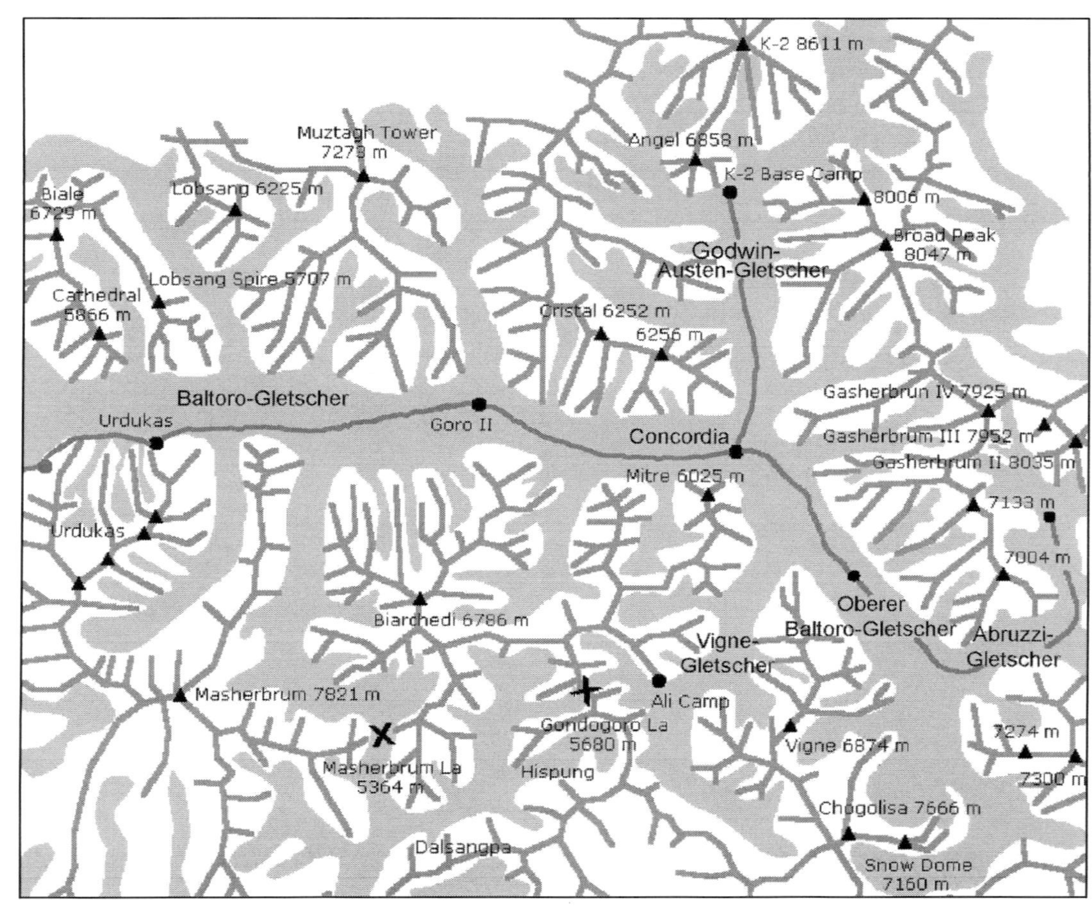

K-2 8611 m
Muztagh Tower 7273 m
Angel 6858 m
K-2 Base Camp
Biale 6729 m
Lobsang 6225 m
8006 m
Broad Peak 8047 m
Godwin-Austen-Gletscher
Lobsang Spire 5707 m
Cathedral 5866 m
Cristal 6252 m
6256 m
Gasherbrun IV 7925 m
Baltoro-Gletscher
Urdukas
Goro II
Concordia
Gasherbrum III 7952 m
Gasherbrum II 8035 m
Mitre 6025 m
7133 m
Urdukas
7004 m
Oberer Baltoro-Gletscher
Biarchedi 6786 m
Abruzzi-Gletscher
Vigne-Gletscher
Masherbrum 7821 m
Ali Camp
Gondogoro La 5680 m
7274 m
Vigne 6874 m
Masherbrum La 5364 m
Hispung
7300 m
Chogolisa 7666 m
Dalsangpa
Snow Dome 7160 m

Auf den Gletscher

Heute steht uns eine richtig lange Etappe bevor. Zum Glück macht sich die Sonne rar. Es wäre also nicht nötig gewesen, schon um fünf Uhr aufzubrechen. Aber das weiß man ja vorher nicht. Die erste Stunde geht es noch zügig am Fluss entlang bis zur mausgrauen Front des Baltoro-Gletschers, aus der der Braldu-Fluss entspringt. 62 Kilometer lang schiebt der Eisstrom sich aus 6000 Metern Höhe zwischen zwei riesigen Gebirgszügen hindurch bis auf 3200 Meter ins Tal hinab und reißt dabei viel Geröll und Sediment mit. Wir stehen vor einem der größten Talgletscher der Erde mit einer Eisfront von 225 Metern Dicke. Wie die anderen Gletscher des hohen Karakorum trägt er entscheidend zum Wasserhaushalt Zentralasiens bei. Würde der Eiskoloss im Klimawandel abschmelzen, könnte das für die Halbwüsten der Region eine Katastrophe bedeuten. Zum Glück sieht es danach nicht aus. Die Ergebnisse einer deutsch-italienischen Expedition im Jahr 2004 zeigten, dass der Gletscher sich im zurückliegenden Jahrhundert nur um 65 Meter zurückgezogen hatte. Über die Ursachen besteht bis heute keine endgültige Klarheit. Fraglos isoliert die Schuttschicht das Eis im Sommer vor der Sonnenwärme. Andererseits ist der Gletscher auch im oberen Teil nicht wesentlich dünner geworden, wo er gar nicht von Schutt bedeckt ist. Hier könnten starke Lawinen und Windverwehungen von Schnee und Firn von den umliegenden Bergen das Schmelzwasser ausgleichen, vermuten die Wissenschaftler. Das Einzugsgebiet des Baltoro-Gletschers immerhin ist riesig. Es beträgt eine Fläche von 1500 Quadratkilometern.

Auf schmalem Pfad im Zickzack-Kurs machen wir uns auf den Weg zur Querung des Eisstroms. Der ist hier mehr als zwei Kilometer breit und bildet eine Landschaft aus mit Schutt überzogenen Eisbergen und tiefen Tälern. Das macht den Weg extrem anstrengend und unübersichtlich. Das eigentliche Problem sind aber, wie von Aman prophezeit, die dichten Fliegenschwärme, die uns ständig begleiten. Wahrscheinlich werden sie durch die Packpferde angelockt, die hier seit einigen Jahren im Einsatz sind und die vor allem die Armee-Camps mit Kerosin und Lebensmitteln versorgen. In einer Karawane zählen wir 90 Pferde. Die Fliegen sind extrem träge und lassen sich problemlos zerdrücken, wenn sie sich in Ohren, Nase und Nacken setzen. Allerdings muss man ständig stehen bleiben oder um sich wedeln, was mit zwei Teleskopstöcken, die ich hier unbedingt brauche, reichlich lästig ist. Anfangs bin ich noch recht gut in Form, aber der Weg kostet alle Kräfte. Nach mehr als vier Stunden Auf und Ab bin ich ziemlich außer Atem. Und da sind wir noch nicht am Ziel. Mit einem Wechsel aus „way is easy“ und „oh my god“ kommentiert Aman beständig mein Fortkommen, während Christoph wieder irgendwo Fotos macht. Für viel Gegenwehr fehlt allerdings die Kraft. Ich fühle mich da matt wie die Fliegen in der dünnen Luft - und da kommen schon wieder Pferde, die mich vom Weg treiben.

Nach sechs Stunden Fußmarsch in luftiger Höhe lehne ich an einem Mäuerchen am Lager Khobutze und muss erstmal den Kreislauf wieder in Gang bringen. Auf den letzten Metern ist mir regelrecht schwindelig. Immerhin ist es heute tatsächlich kühl, so dass wir nicht so ins Schwitzen kommen wie an den Tagen zuvor. Nudelsuppe und Kekse wecken dann wieder neue Lebensgeister. Mein Wunsch nach einer längeren Rast wird allerdings nicht erfüllt. Die Küchencrew will zügig weiter und zieht mir die Zeltplane zum Sitzen nach 30 Minuten ruckzuck hinter dem Hintern weg. Sonst ist es aber überall staubig und in dem finsteren Räumchen aus Feldsteinen, zwischen Müll, Staub und Fliegen, will selbst ich nicht rasten.

Also laufen wir weiter zu unserem Tagesziel, dem Lagerplatz Urdukas. Da wir uns inzwischen im Nationalpark befinden, dürfen wir nur an ausgewiesenen Stellen unser Lager aufschlagen, auch wenn die Landschaft noch so verlassen wirkt. So will die Regierung den Einfluss des Trekkingtourismus begrenzen. Nur noch drei bis vier Stunden seien es bis Urdukas, tröstet mich Aman. Und der Weg sei „easy" - bis auf eine neuerliche Gletscherquerung und den letzten Aufstieg.

Auf der Seitenmoräne wandern wir auf einem fußbreiten Pfad weiter hinein ins Gebirge. Das abfließende Schmelzwasser des Gletschers macht die geschützten Talränder zum Lebensraum üppiger Bergflora. Viele arktische Blumen und Gebirgspflanzen stehen kurz vor der Blüte oder blühen gerade auf. Zum Betrachten bleibt allerdings wenig Zeit, denn der Tee wartet bekanntlich um vier Uhr. Und da Aman keine Uhr trägt, will er kein Risiko eingehen, vielleicht doch zu spät zu kommen.

Kaum sind wir ein gutes Stück höher über einen Gletscherkamm gestiegen, müssen wir wieder in ein tief eingeschnittenes Tal hinab. Ein Seitengletscher trifft hier auf den Hauptstrom und bringt die Fließrichtung mächtig durcheinander. Ein wilder Verschiebebahnhof von Eis und Geröll und ein ständig sich ändernder Pfad sind die Folge. Ich komme mir vor wie in einem Ausbildungsmarsch der Fremdenlegion. Das Schöne ist immerhin: Man sieht in dem unübersichtlichen Gelände nicht, was noch an Wegstrecke vor uns liegt. So werden die wechselnden Zeitangaben unseres Begleiters zu einem amüsanten Zeitvertreib. Man zieht die verstrichene Zeit von seiner letzten Angabe ab, fragt erneut und schaut nach, ob beides auch nur annähernd in einem vernünftigen Verhältnis zueinander steht. Das entbehrt nicht einer gewissen Komik. Insgesamt ist unser Begleiter aber sehr zuverlässig. Der Pfad über das Eis muss jedes Jahr neu ausgetreten werden und verändert sich immer wieder. Da Aman in dieser Saison hier noch nicht unterwegs war, kann er letztlich die Entfernungen ohnehin nur schätzen.

Irgendwann ist dann der letzte Abstieg geschafft. An einer schrecklich verkommenen Baracke der Armee vorbei beginnen wir den letzten Aufstieg. Der allerdings hat es in sich. Urdukas liegt auf einem schmalen Felsvorsprung hoch über dem Gletschertal auf rund 4000 Metern Höhe. Es ist übrigens der letzte Lagerplatz, der nicht auf dem Eis selbst liegt. Uns bietet sich eine Aussichtskanzel mit herrlichem Panorama auf die gegenüberliegenden zu spitzen Kegeln erodierten Trango-Türme, das heute allerdings wegen der tief hängenden Wolken ziemlich getrübt ausfällt. Nach dem Anstieg und nach rund neun Stunden Gehzeit habe ich zunächst sowieso keinen Blick für das Panorama. Außerdem fordert der Weg zum Zelt höchste Konzentration. Das ist wegen der beengten Verhältnisse so dicht an den Hang gebaut, dass man auf einem schmalen Steg aus Sandboden dorthin balancieren muss. Es wäre wohl geboten, nachts die Stirnlampe zu verwenden.

Selbst Christoph ist erschöpft und will keine Fotos mehr machen. Lieber will er Schokolade. Zum Glück haben wir vier Tafeln dabei. Dann werden wir zum Tee gerufen. Auch wenn wir eine Stunde Verspätung haben, verwöhnt uns die Küchen-Mannschaft heute mit frischen Fritten zum Tee und mit Spaghetti mit Ketchup zum Abendessen. Die pakistanischen Gerichte bekommen mir immer noch nicht. Zum Dessert zaubert Sahir, der Koch, der in einem Hotel in Lahore gelernt hat, sogar eine ziemlich gute Creme brûlée. Da bin ich ehrlich beeindruckt und wieder mit der Welt versöhnt.

Unser nächster Begleiter nach Hitze und Fliegen wird der Regen. Schon in der Nacht hat es heftige Schauer gegeben. Am Morgen ist es dann sehr klamm und kalt. Deshalb fällt das Frühstück morgens um fünf Uhr ziemlich kurz aus. Aber immerhin hat sich mein Magen endgültig beruhigt.

90 Minuten laufen wir über große Geröllbrocken hinauf auf den Gletscher. Es geht teils auf blankem Eis immer wieder vorbei an tiefen Spalten, in denen das Schmelzwasser blau gurgelnd zu Tal stürzt. Steigeisen haben wir zwar im Gepäck. Man benötigt sie hier aber nicht. An den Abbruchkanten ist das Eis oft strahlend weiß. Ansonsten wird der Gletscher immer noch von einer Steinschicht bedeckt. Anders als an seinem Fuß ist das Geröll jetzt aber nicht mehr eintönig grau, sondern schimmert in der Feuchtigkeit in vielen Farben. Auf anderen Passagen ist plötzlich alles fast schwarz oder braun. Eine Landschaft wie in Mordor. Damit macht der Karakorum seinem Namen hier tatsächlich alle Ehre.

Übersetzt heißt das wunderbar lautmalerische türkische Wort so viel wie „schwarzes Geröll“. Der britische Geograph William Moorcraft hatte an der Wende zum 19. Jahrhundert den Namen verwendet, um das Gebirge zu bezeichnen. Moorcraft war dabei etwas ungenau: Eigentlich galt der Name nur einem Hochpass zwischen Ladakh und Sinkiang südöstlich des eigentlichen Gebirgszugs, der in 5575 Metern Höhe tatsächlich über schwarze Schutthalden führt. So wurde das Karakorum zum Streitpunkt der Wissenschaft, die seinen Namen angesichts des vielfarbigen metamorphen Tiefengesteins aus dem Erdmantel weitgehend für unpassend hielt. Aber auch andere Begrifflichkeiten waren bei näherer Betrachtung nicht eindeutig. Es brauchte eine internationale Karakorum-Konferenz im Jahr 1937, um den Streit endgültig zu beenden. Am Ende blieb alles beim Alten, aber man trennt zur genaueren Unterscheidung noch die Hauptkette des Großen Karakorum von den Ausläufern im Norden und Süden, die sich mit dem Attribut Kleiner Karakorum begnügen müssen. Auf dem Baltoro-Gletscher wandern wir genau auf der Grenze beider Gebiete. K2 und Gasherbrums liegen natürlich im Großen, die Berge um den Masherbrum wie Mitre Peak und Chogolisa im Süden des Concordiaplatzes bereits im Kleinen Karakorum. Wobei „Klein“ angesichts von Höhen weit in den 7000ern etwas kleinlich klingt.

Da niemand außer mir noch eine funktionsfähige Uhr bei sich trägt, rennen meine Begleiter ohne Zeitgefühl immer weiter. Es wird in der Nässe empfindlich kalt. Vor allem Christoph friert erheblich. Ich selbst habe lange keine Lust, die Handschuhe anzuziehen. Dann schwitzt man am Ende wieder und wird von innen nass. Außerdem lassen sich die Stöcke mit bloßen Händen viel besser greifen. Nach einiger Zeit muss ich dann doch kapitulieren. Ach, was hätte ich jetzt gerne Schokolade für etwas schnelle Energie. Die sollten wir lieber aufheben, werde ich beschieden. Deshalb liege alles im Hauptgepäck, das die Träger bereits weit vor uns über den Gletscher schleppen. Ah, ja. Leichte Kopfschmerzen machen sich breit, wobei man nie weiß, ob sie vom Wind, der Anstrengung oder von der Höhe herrühren.

Auf einer zugigen Hochebene - dem unmarkierten Lagerplatz Goro I - hat das Küchenteam heute das rot-gelb gestreifte Messezelt aufgebaut. Darin servieren Sahir und Issa Kahn Suppe und heißen Tee. Es ist irgendwie ziemlich gemütlich drinnen, während der Kerosinkocher pfeift und der Wind ums Zelt fegt. Fast hebt die sperrige Konstruktion ab. Aber es mangelt nicht an großen Felsbrocken, die wir zum Beschweren der Planen und Seile nutzen können. Eigentlich würde ich heute gerne hier bleiben. Aber es ist erst elf Uhr vormittags. Und was wir heute nicht gehen, müssen wir morgen laufen. Letztlich bleiben wieder nur 30 Minuten, um frische Kräfte zu sammeln.

Über einen jetzt etwas besseren Pfad schlängeln wir uns sachte bergan. Als es etwas aufklart, wird es wärmer. Sogar die Sonne kommt zwischen den Wolken wieder durch. Wir posieren für Fotos. Viele weiße Eisspitzen ragen jetzt wie gestrandete Segelboote mitten aus dem Geröll heraus. Links von uns tauchen einige Spitzen der Gasherbrum-Kette aus den Wolken auf. Der Masherbrum rechts von uns ist nur zu erahnen. Dabei ist er mit 7821 Metern - Aman kennt die Zahlen alle auswendig - der siebthöchste Gipfel im Karakorum und liegt ziemlich abgesondert in der Landschaft.

Um 14 Uhr erreichen wir den Lagerplatz Goro II in 4250 Metern Höhe. Hier erinnern nur noch ein paar Trockentoiletten auf Stelzen mit einem untergehängten blauen Müllsack an die Zivilisation. Immerhin gibt es die seit einigen Jahren, um die Auswirkungen der vielen Expeditionen auf die Umwelt so gering wie möglich zu halten. Schließlich muss unser ganzes Trinkwasser aus den umliegenden Bächen entnommen werden. Es wird dann zwar abgekocht und durch ein Küchensieb gegossen - aber man weiß ja nie. Weil die Porter in dieser Höhe nicht mehr im Freien schlafen können, haben sie sich offene Fundamente aus Geröllsteinen aufgeschichtet. Darauf breiten sie nur noch eine Plane aus und sorgen mit kleinen Kerosin-Öfchen drinnen für etwas Wärme. Man kann nur hoffen, dass die Konstruktion nicht mal Feuer fängt.

Als wir zu Tee und Pfannkuchen pausieren, kommen die Mitglieder einer österreichischen Expedition vorbei. Sie haben den Broad Peak bestiegen und sind jetzt auf dem Weg ins Tal. Neun von den 24 Teilnehmern waren letztlich auf dem Gipfel. Ich bin gespannt, ob wir zumindest das Basislager erreichen. Noch 1000 Höhenmeter liegen vor uns. Und der Weg soll ziemlich steinig sein. Vielleicht sollte ich das letzte Pferd mieten, das uns noch begleitet. Ein kranker Engländer aus einer anderen Partie macht das auch so und kommt damit viel schneller voran. Allerdings sieht er in seiner schrägen Sitzhaltung auf dem Pferdchen aus wie Sancho Pansa. Christoph fürchtet zunehmend, dass er in den höheren Gefilden keine optimalen Foto-Bedingungen vorfinden wird.

Wegen der morgendlichen Kälte dürfen wir am folgenden Morgen ausschlafen. Erst um 7.30 Uhr verlassen wir den Lagerplatz Goro II. Tief hängen die Wolken über den Bergen und bringen noch leichten Regen. Ich krame Handschuhe und Schal aus dem Rucksack, die rote Wollmütze sowieso. Der Weg ist heute zum Glück relativ leicht, aber es geht stetig bergauf. Die Höhe macht mir jetzt deutlich zu schaffen. Kaum sind wir nach einer Pause wieder zehn Meter gelaufen, bin ich schon wieder schlapp wie nach einem Dauerlauf. Der Weg zieht sich bei diesen Bedingungen enorm in die Länge.

Bei einem unserer Stopps zum Luftholen taucht immerhin der Broad Peak aus den Wolken auf, 8051 Meter hoch. Ein richtiger, mächtiger Trumm. Das ist es also, was ein paar hundert Menschen jedes Jahr fast jede Strapaze auf sich nehmen lässt - Wände aus Fels, scheinbar fast senkrecht 4000 Meter in den Himmel ragend. In der an dieser Stelle fast flachen Ebene auf dem Gletscher zieht sich ein tiefer Riss durchs Eis, durch den ein Gletscherbach gurgelt. Auch das ist imposant, den echten Bergsteigern aber nur selten einen Blick wert.

Schon um 12.45 Uhr kommen wir auf dem Concordia-Platz an. Der Vigne-, der Abruzzi- und der Godwin-Austen-Gletscher treffen hier aus verschiedenen Richtungen aufeinander. Es ist ein weites natürliches Amphitheater, umringt von einigen der höchsten Berge der Erde. Ein Traumplatz für die Bergfreunde dieser Erde.

Ich hätte mir unsere Ankunft etwas triumphaler gewünscht. Ich bin mal wieder völlig k o, obgleich wir heute nur fünf Stunden gelaufen sind. Der Himmel hat sich wieder zugezogen und lässt nur wenig von der umliegenden Szenerie erahnen. Vor allem der K2, der König der hiesigen Berge und das Ziel unserer

Expedition, ist nicht zu sehen. Seine Bezeichnung ist übrigens das Ergebnis einer frühen Verwechslung. Im 19. Jahrhundert hatten sich die britischen Kolonialbehörden in den Kopf gesetzt, den Indischen Subkontinent wissenschaftlich zu vermessen. Man wollte schließlich wissen, wie groß die ertragreichste Kolonie eigentlich war und was sie an Bodenschätzen zu bieten hatte. Im Karakorum übernahm der Vermessungsingenieur Thomas George Montgomerie 1856 diese Aufgabe im Rahmen des *Great Trigonometrical Survey*. Allerdings machte Montgomerie sich nicht die Mühe, tiefer ins Gebirge hinein vorzudringen, sondern nahm die Vermessung vom Gipfel des rund 200 Kilometer entfernten Station Peak in Ladakh vor. Anschließend nummerierte er die Karakorum-Gipfel der Reihe nach. Der Masherbrum erschien ihm dabei am höchsten und bekam die Bezeichnung K1, der tatsächlich höhere K2 rückte auf den zweiten Platz.

Die Balti in den umliegenden Tälern nennen den Gipfel heute auch Chogori. Allerdings ist auch dieser Name nicht Teil ihrer Tradition. Nachdem klar war, das Montgomerie sich vermessen hatte, setzten westliche Forscher in der Balti-Sprache kurzerhand und wenig originell die Wörter für „hoch" = chogo und „Berg" = ri zusammen. Die Urbewohner des Karakorum haben sich für den abgelegenen hohen Berg offenbar erst interessiert, sobald der sich als Devisenbringer und Einnahmequelle anbot.

Selbst im Messezelt ist es zum Lunch empfindlich kalt. Eine Gruppe Belgier, auf die wir treffen, berichtet, das Wetter solle morgen besser werden. Sie haben vor einigen Tagen oben am Basislager des Gasherbrum I und II per Satellit den Wetterbericht abgerufen. Das Wetter im Gebirge hält sich allerdings nicht zuverlässig an langfristige Vorhersagen. Ich mache mir deshalb nicht viele Gedanken darum. Aus der Tasche krame ich jetzt die dicke Jacke und die Skiunterwäsche. Mich plagen dumpfe Kopfschmerzen. Christoph hat eine Pille Dexamethason geschluckt, die mir die Ärztin für den Fall der Fälle gegen Symptome der Höhenkrankheit verschrieben hatte. Ich warte damit noch. Viele sagen, man solle die Symptome nicht verdecken, damit man einen Notfall auch erkennt und rasch absteigen kann. Lieber wickele ich mich zum ausgedehnten Mittagsschlaf gemütlich in den Schlafsack.

Am Nachmittag gibt es dann einen lautstarken Aufstand vor dem Zelt. Stundenlanges Palaver erfüllt die Stille. Alle sind auf den Beinen und stehen im Kreis um Aman herum. Unser letztes Pferd soll mit dem kaum 15 Jahre alten Treiber zurück ins Tal geschickt werden. Der Junge hatte in den letzten Tagen oft etwas getrödelt. Mir hatte er manchmal etwas leid getan, wenn er so alleine unterwegs war. Aman hatte schließlich dafür gesorgt, dass einer der erfahrenen Träger ihn begleitete. Und wir hatten ihm Müsliriegel und Kaubonbons gegeben.

Der Onkel des Jungen ist von einer anderen Expeditionsgruppe herübergekommen und führt die Verhandlung. Er erklärt wortreich, das Pferd könne hier oben nichts zu fressen finden. Das war den Balti sicher vorher bekannt und wirkt als Argument etwas dürftig. Auf dem Eis wächst natürlich kein einziger Halm. Aber die Porter haben auch kein Futter mitgebracht. Nun muss das Pferd also zurück. Letztlich ist es wohl eine Frage des Preises für das Tier. Wahrscheinlich würde sich sonst irgendwo bei einer anderen Gruppe Futter finden lassen. Aber Aman sind die Forderungen zu hoch, auch wenn er das Pferd gerne für einen Notfall als Tragtier behalten hätte.

Wirklich grotesk wird es, als nun das Trinkgeld für den Jungen verhandelt wird. Der Onkel hätte nämlich gern das Vierfache der üblichen Summe. Schließlich habe das Pferd ja auch vier Lasten getragen. Aman rollt mit den Augen. Im Endeffekt ist es ihm aber egal, was wir zahlen. Ich sage ganz klar, dass wir Pferden kein Trinkgeld geben. Wofür sollen sie es auch ausgeben. Es gibt unterwegs ja nicht mal eine Bar. Einige Porter lachen. Letztlich gebe ich dem Jungen das übliche Trinkgeld und einen Obolus für den Gaul. Damit möge er dem Tier ein paar Äpfel kaufen. Das verspricht er hoch und heilig und alle lachen. Eigentlich schmerzen uns die paar Rupien nicht. Aber wenn ich in diesem Fall nicht hart bleibe, wird das womöglich schnell Schule machen und wir sehen uns in den kommenden Tagen noch den absurdesten Forderungen gegenüber. Und wir müssen auch unseren übrigen Trägern gegenüber gerecht bleiben.

Skardu am Zusammenfluss von Indus und Shigar ist die Verwaltungsstadt der Region Baltistan.

Der mit Geröll bedeckte Baltoro-Gletscher ist der wichtigste Anmarschweg zu den Bergen im zentralen Karakorum.

Der Obere Baltoro-Gletscher ist nicht mehr mit Schutt bedeckt. Der Weg bergan verläuft auf der flachen Mittelmoräne.

Packpferde laufen bis zum Basislager der Gasherbrums I und II auf 5200 Metern Höhe hinauf.

Der stark verspaltete Abruzzi-Gletscher führt um die Gasherbrum-Gruppe herum ins Grenzgebiet zu Indien.

Das Gasherbrum-Basislager liegt auf der Spitze einer steilen Moräne des Abruzzi-Gletschers.

Eine steile Eisbrücke führt vom legendären Concordiaplatz hinauf auf den 20 Kilometer langen Godwin-Austen-Gletscher, der unterhalb des K2 entspringt.

Endlich am Ziel: Der 8611 Meter hohe K2 vom Basislager des Broad Peak aus gesehen.

Meister der Nudelsuppe: Unser Küchenteam Issa Kahn, Saher Abbas und Koch Sahir Akhter.

Regenwolken über dem Kleinen Karakorum. Auf Wetterwechsel muss man stets gefasst sein.

Im kurzen Sommer blüht im Hochtal des Braldu-Flusses der Lavendel.

Christoph überqueert die letzte schwankende Hängebrücke vor der Rückkehr in die Zivilisation.

Schwer beladene Lastwagen übernehmen auf den kurvigen Straßen am Indus entlang die Versorgung von Skardu.

Das Baltit-Fort in Karimabad präsentiert einen weiten Panoramablick ins Hunza-Tal und zum Rakaposhi (7788 m).

In der Pagode mit dem Doppeladler in Taxila vermischen sich indische und griechische Schmuckelemente.

Der Teich im Hindu-Heiligtum Ketas in den Salzbergen südlich von Islamabad soll einer Träne des Gottes Shiva entsprungen sein.

Hoch zu den Gasherbrums

Über Nacht hat es geschneit. Als ich um fünf Uhr früh vors Zelt muss, liegt der Concordia-Platz in friedlicher Stille. Von den Bergen ist nichts zu sehen. Wir verschieben deshalb unseren Besuch des Broad-Peak-Basislagers und starten zunächst zu unserer dreitägigen Exkursion auf den oberen Baltoro-Gletscher. Das Einpacken von Matte, Schlafsack und dem ganzen übrigen Camping-Zeug fällt etwas schwer. Wir hatten uns schon auf einen Tag ohne Zeltplatz-Wechsel gefreut. Und wir wissen bei dem anhaltend mauen Wetter nicht, ob sich die ganze Mühe überhaupt lohnt.

Da wir uns bereits auf 4700 Metern befinden und weiter aufsteigen wollen, haben wir uns nur eine kurze Etappe für heute vorgenommen. Um 7.15 Uhr biegen wir rechts ab auf den Upper Baltoro-Gletscher. Eine viele Meter tiefe Spalte blockiert unseren Weg und zwingt uns zu einer Alternativ-Route. Trotzdem kommen wir schon um 11 Uhr am Shamma-Camp an. Es liegt spektakulär zwischen zwei weißen Gletscherzungen auf einem Schuttrücken mitten auf dem Gletscher. Eis und Wasser formen hier spektakuläre Canyons, Höhlen, verschlungene Irrgärten, Kegel und spitze Zapfen. Leider sind die umliegenden Berge – links die Gasherbrum-Gruppe mit Gasherbrum IV, V und VI, rechts der Masherbrum diesmal von der West-Seite – allenfalls zu erahnen. Christoph ist total demoralisiert. Er will nach Hause, da eindrucksvolle Fotos nicht mehr zu erwarten seien. Ein verfrühter

Rückzug würde uns zeitlich aber gar nichts bringen - und die Strapazen wären die gleichen. Also kommt das nicht in Frage.

Wir nehmen einen frühen Lunch ein. Dann gönne ich mir einen Mittagsschlaf im Zelt. Schlafen und wenig Bewegung ist gut gegen die Höhenkrankheit, damit sich der Körper besser an die dünne Luft anpassen kann. Nach zwei Stunden weckt mich grelles Sonnenlicht, das selbst unser rotes Zelt innen merklich erhellt. Das Wetter hat sich deutlich gebessert. Also breche ich auf, um die Umgebung zu erkunden. Man könnte es Spaziergang nennen, wäre nicht das Gelände so steinig und tückisch. Das Profil meiner Wanderstiefel ist in diesem Terrain schon richtig abgelaufen. Ich muss aufpassen, dass ich nicht ins Rutschen komme. Für eine weitere Tour sind die Stiefel kaum geeignet. Reisen nach Grönland, Südafrika und Pakistan haben sie zu stark beansprucht.

An einem Gletscherbach entlang, zu dem die Mittelmoräne sehr instabil steil abfällt, bewundere ich die Eisformen. Teils mäandert der Bach in engsten Schwanenhalskurven um massive Eisblöcke herum, die auch jetzt im Hochsommer nicht schmelzen. Darüber ziehen dunkle Wolken an den Flanken der Berge entlang. Der unwirtliche Eindruck wird noch dadurch verstärkt, dass unser Grüppchen heute ganz allein bleibt. Die Einsamkeit dieser ungezähmten Landschaft entwickelt erst jetzt ihren ganzen Reiz.

Abends nutze ich die Zeit und eine Tasse mit heißem Wasser für eine ordentliche Rasur, damit ich nicht bald aussehe wie ein Taliban. Issa Kahn begutachtet das Ergebnis fachmännisch, weil es ja keinen Spiegel gibt. Nach letzten Korrekturanweisungen bin ich wieder landfein für das abendliche Dinner.

In der Nacht schneit es diesmal heftig. Unser Zelt ist zur Hälfte weiß eingepudert. Von den Bergen ist nichts mehr zu sehen. Wir erwägen zeitweise einen Abbruch unserer Tour, gehen dann aber doch weiter. Christoph ist übel und er hat Kopfschmerzen. Wahrscheinlich hat er sich gestern Nachmittag übernommen. Zum Glück haben wir unsere Wunderpillen, auch wenn man mit den Symptomen nicht spaßen sollte. Vor uns liegen weitere 300 Höhenmeter aufwärts. Das sollte zu schaffen sein.

Um 8.15 Uhr gehen wir los. Wie zur Belohnung kommt schon nach kurzer Zeit die Sonne raus und beleuchtet die Gletscher plötzlich in ganz neuen Farben. Die hohen Gipfel hüllen sich aber weiterhin in Wolken. Auch mir macht die Höhe jetzt zusehends Mühe. Wenigstens tut der Kopf nicht weh. Unterwegs brauche ich zwei Pausen. Ich habe aufgehört, das vorher zu diskutieren. An passender Stelle lasse ich einfach den Rucksack fallen und bleibe stehen. Das funktioniert am besten. So machen es Lastesel bekanntlich auch. Als Aman zur Eile drängt, werde ich ernsthaft ungemütlich. Es gibt keinen Grund dazu - und wegen des Mittagessens werde ich mich nicht abhetzen. Immerhin soll man in diesen Höhen bewusst langsam gehen, auch wenn das den Hauser- und Summit-Club-Gruppen offenbar niemand erzählt hat. Die Gruppen, die wir treffen, rennen regelmäßig an uns vorbei. Dafür haben sie einen Druckluftsack für Notfälle dabei. Jeder hat da seine eigene Strategie.

Die Mittelmoräne windet sich in einer scharfen Rechts-Kehre das Tal hinauf. Der Weg zieht sich am Ende länger hin als wir gedacht hätten. Immerhin wird das Wetter besser. Erste Flecken blauen Himmels tauchen auf. Auch die ersten Gipfel sind zu sehen. Um 13 Uhr sind wir am Basislager für die Gasherbrums I und II auf 5100 Metern Höhe angekommen. Der Gipfelpunkt unserer Tour ist erreicht. Das Lager zieht sich auf einer engen, sehr steil zulaufenden Moräne entlang. Unsere Zelte stehen gleich am Beginn, denn der Rest des engen Raums ist bereits dicht von mehreren internationalen Expeditionsgesellschaften besetzt. Darunter sind keineswegs nur Europäer, sondern viele Koreaner, Japaner, Chinesen und auch einige Pakistani. Mehrere Wochen harren die meisten hier aus, um sich auf die große Tour einzustimmen und vorzubereiten. Teilweise haben sie richtige kleine Zeltstädte aufgebaut, in denen die Strom-Generatoren knattern.

Ich bin froh, dass wir nicht noch weiter müssen. Als ich das Zelt erreiche, will ich meine Ruhe haben und die Aussicht genießen. Natürlich geht das nicht, denn die tägliche Nudelsuppe wartet. Zuerst ignoriere ich alle Aufforderungen zum Essen. Man wird ja wohl mal eine Mahlzeit ausfallen lassen dürfen! Dann kommt Issa Kahn höchstselbst und lädt mich so flötend und rücksichtsvoll ein, als sei die Nudelsuppen-Speisung eigentlich ein heiliger Akt. Ich bringe es nicht über mich, die Einladung auszuschlagen. Also ein letzter Blick in die Runde - und dann ab zum Essen. Rechter Hand liegt der mächtige Conway-Sattel, die Grenze zu Indien. Schon unser Zeltplatz ist militärisches Sperrgebiet, das wir nur mit einer Sondererlaubnis betreten dürfen. Weiter in Grenznähe ist die unwirtliche Gegend aber vollständig gesperrt.

Linker Hand würden wir die Gasherbrums sehen können, wäre das Wetter besser. Der 8080 Meter hohe Gasherbrum I macht seinem Beinamen *Hidden Peak* alle Ehre. Dabei stammt der eigentlich von der versteckten Lage, die den Gipfel aus der Ferne weitgehend uneinsehbar macht. Man muss dazu die steile Moräne bis zur Spitze laufen - und dann noch Glück mit der Wolkendecke haben. Drei der Gipfel haben es bis auf über 8000 Meter geschafft. Die aufeinander prallende indische und eurasische Kontinentalplatte lassen die Karakorum-Gipfel jedes Jahr noch immer um fünf Zentimeter wachsen. Die Gebirgskette, zu der als recht exponierter Gipfel auch der Broad Peak gehört, bildet in diesem Dreiländereck auch die natürliche Grenze zur Provinz Sinkiang in China. Einen Übergang gibt es nicht. Man könnte die Nordseite nur zu Fuß aus Richtung der Wüsten-Oase Kashgar ansteuern.

Der Name Gasherbrum bedeutet übersetzt „Leuchtender Berg". Das kommt von seinem hohen Kalkstein-Anteil, der im Abendlicht kräftig leuchtet. Ob wir davon allerdings etwas zu sehen bekommen, ist fraglich.

Nach dem Mittagessen ist ein Schläfchen obligat. Danach sind leider wieder viele Wolken aufgezogen. Die Idee, zum Sonnenuntergang die leuchtenden Berge von der Spitze der Moräne anzuschauen, wird zum Flop. Alles ist grau und düster. Christoph ist stinksauer. Alles sei unkalkulierbar und ein großes Desaster. So viel Geld und Kraft und Zeit! „Oh my god", orchestriert Aman. Ich selbst muss irgendwann auf dem Weg an einem Steilhang mit losem Geröll ohnehin kapitulieren. Aman passt es zwar nicht, aber ich werde am Fuß des Hanges auf beide warten - eine Aussicht gibt es auch weiter oben heute nicht. Ein Stündchen ohne Murren kann dagegen sehr entspannend sein. Ist doch toll, dass wir es ohne Blessuren hier herauf geschafft haben. Und die Inder werden mich schon nicht entführen.

K2 voraus

Um 5.30 Uhr wird nachdrücklich an unserem Zelt gerüttelt. Der Gasherbrum II ist wolkenfrei. Christoph stürzt wie von einem Schneeleoparden verfolgt zum Aussichtspunkt am Ende der Moräne. Gute Sicht-Chancen bestehen auch für den Gasherbrum I. Ich begnüge mich mit der Aussicht vor dem Zelt, packe dann zügig unsere sieben Sachen ein und verfüge mich zum Frühstück. Um sieben Uhr breche ich allein zum Abstieg auf. Ich habe auf der heutigen langen Etappe keine Lust, mich gleich wieder in Stress zu versetzen. Hassan, mit 48 Jahren der älteste Träger, begleitet mich ein Stück. Aman ist Christoph hinterher gestürmt, weil er keinen von uns alleine laufen lassen mag.

Da muss er heute durch. Erst um 8.30 Uhr holt Aman mich schon ein ganzes Stück unterhalb unseres Lagers ein. Christoph sehe ich erst zum Lunch wieder. Er ist im Foto-Fieber. Das wird mit ziemlicher Sicherheit die Laune bessern und ist gut für uns alle. 18 Kilometer Wegstrecke liegen vor uns bis zum Concordia-Platz. Wir müssen den zusätzlichen Ruhetag in Paiju ausgleichen. Da es weitgehend abwärts geht, sollte das klappen. Trotzdem habe ich heute eine Pille eingeworfen, damit ich mich nicht so quälen muss. Beim Abstieg ist das gefahrlos möglich. So kommen wir tatsächlich den Vormittag über ganz gut voran, auch wenn ich mir tierisch langsam vorkomme. Das Gelände ist im wahrsten Sinne unwegsam. Ständig muss man aufpassen, sich nicht den

Fuß zu vertreten oder anzustoßen. Bergab ist es wesentlich schwieriger als auf dem Hinweg, da die Höhenunterschiede kaum zu erkennen sind.

Aman ist heute keine Hilfe. Wie ein Rumpelstilzchen tanzt er in großer Hektik um mich herum, findet den Weg extrem „easy" und mich extrem langweilig. Auf einer Krankentrage, die es hier natürlich gar nicht gibt, würde es allerdings noch viel länger dauern. Ich lasse mich von dem Gezeter nicht abhalten. Ich mag es auch nicht, wenn er mich an Engstellen energisch vorwärts zieht. Ist ja nett, wenn ich nicht im Abgrund landen soll. Aber man muss schmale Grate ja nicht im Jogging-Tempo überqueren. Lieber laufe ich da meinen Schritt. Wahrscheinlich hat unser Guide schon wieder Angst, dass wir das Tagesziel nicht erreichen. Dabei ist das noch nie vorgekommen. Und es ist außerdem noch nicht einmal zehn Uhr morgens!

Die Aussicht ist heute die Mühe wert. Wie trutzige Wehrtürme stehen die riesigen Berge überall um uns herum. Immer wieder ergeben sich andere Perspektiven. Heute wuchte selbst ich ab und zu den Rucksack vom Rücken und packe die Kamera aus. Irgendwann müssen die Traumbilder geschossen werden, deretwegen wir hierher gekommen sind. Gegen 14 Uhr zeigt sich in der Ferne die Spitze des K2 über den Wolken.

Eben als wir fotografieren wollen, kreuzen unvermittelt zwei Helikopter im Tiefflug über uns auf wie wild gewordene Schmeißfliegen. Wir müssen in die Hocke gehen, um den Ungetümen auszuweichen. In der Nähe ist ein Armeecamp, das die Piloten aber offenbar nicht auf Anhieb finden. In dem Armee-Stützpunkt aus halbkugelförmigen Plastikiglus erzählt uns später ein Soldat im Trainingsanzug, die Hubschrauber sollten eine Tote und einen Verletzen am K2 bergen, hätten aber den Weg alleine nicht gefunden. Deshalb haben sie in dem Lager einen ortskundigen Lotsen an Bord geholt. „Oh my god", entfährt es diesmal mir.

Immerhin bringt die Episode etwas Abwechslung in den sonst recht monotonen Marschtag. Stundenlanges Laufen ohne jede Unterhaltung bin ich nicht gewöhnt. Da macht sich richtig etwas Langeweile breit. Die letzten Kilometer bringen wir dann aber doch zügig hinter uns. Der Himmel klart auf und wir erleben den Concordia-Platz in einem ganz neuen Licht, als wir um 15.45 Uhr pünktlich zum Tee dort eintreffen. Der Mitre Peak liegt direkt hinter unserem Zelt, umringt von drei Gletschern. Auch wenn er nur 6100 Meter misst, wirkt er schon sehr eindrucksvoll. Dominiert wird alles natürlich vom K2, der direkt vor uns im Norden als fast gleichseitiges Dreieck aus dem Tal aufragt. Er markiert auch die Grenze zur Provinz Sinkiang in China. Links davon liegt der markante Marble Peak, rechts davon der breite Rücken des Broad Peak, gefolgt von den kleineren Gasherbrums IV, V, VI und VII, hinter denen die größeren Gasherbrums I und II von hier aus nicht zu sehen sind. Wenn man sich in Erinnerung ruft, dass diese Gipfel erst vor gut 100 Jahren von Europäern entdeckt und benannt wurden, dass auf dem Broad Peak zum Beispiel erst 1957, auf der weiter südlich gelegenen Chogolisa erst 1975 der erste Mensch stand, dann wird die Exklusivität dieses Besuches etwas besser fassbar. Nur ein paar Hundert Wanderer und Bergsteiger schaffen es jedes Jahr bis hierher. Und die Landschaft ist so ungemütlich und in ständiger Veränderung begriffen, dass das wohl noch länger so bleiben wird. An Straßenbau oder gar an Jeepexkursionen ist auf dem Gletscher jedenfalls nicht zu denken.

Das stimmt durchaus heiter und lässt die Strapazen heute schnell vergessen.

Wir gönnen uns einen Ruhetag am Concordia-Platz, der seinen Namen übrigens von seinem kleinen Bruder in den Schweizer Alpen haben soll. Die Ähnlichkeit ist in der Tat markant. Der britische Politiker und Bergsteiger William Martin Conway soll sich bei seiner großen K2-Expedition 1892 den Namen ausgedacht haben. Er schaffte es mit seinen Begleitern damals immerhin bis in eine Höhe von 7000 Metern und kartierte das unwegsame Gebiet.

Die Wolken ziehen immer weiter auf und bilden vor dem tiefblauen Himmel herrliche Kontraste. Fast alle Berge ringsum sind heute frei zu sehen. Nach dem Frühstück und am Nachmittag unternehmen wir zwei kürzere Exkursionen zu den Eiskanälen und Formationen der Umgebung. An einer Stelle hat das Wasser sich einen richtigen Tunnel durch das Eis geschaffen, dessen Wände im Sonnenlicht spiegelglatt schimmern. Morgen werden wir exakt über die Eisbrücke darüber laufen müssen. Eine unheimliche Vorstellung.

Unterwegs treffen wir einen Pakistani aus Islamabad, der hier alleine unterwegs ist. Er erzählt, die Armee habe am Vortag das Opfer des Bergunfalls kostenlos nach Skardu ausgeflogen - zur Wiedergutmachung für den Anschlag am Nanga Parbat, bei dem im Juni elf Touristen erschossen wurden. In anderen Unglücksfällen kämen die Militärhubschrauber häufig gar nicht, weil das Wetter schlecht, die Maschinen kaputt oder die Einheiten anderweitig beschäftigt seien oder aus anderen weniger triftigen Gründen. Verlassen sollte man sich darauf jedenfalls nicht - und zivile Rettungskräfte gibt es nicht.

Obwohl wir heute im Vergleich zu anderen Tagen wirklich nicht viel gelaufen sind, habe ich am Nachmittag plötzlich starke Schmerzen im rechten Knie. Ich kann kaum noch auftreten und auch in Ruhe pocht es gewaltig. Wahrscheinlich kommt das von dem langen Abstieg gestern. Ich lasse mir kaltes Wasser geben und lege im Messzelt feuchte Wickel an. Nebenan hat zum Glück eine deutsche Gruppe ihr Lager aufgebaut. Ein älterer Bayer hat Voltaren-Salbe im Gepäck und hilft mir freundlich aus. Das Zeug hilft erstaunlich schnell. So kann ich dann sogar den Sonnenuntergang wieder genießen und träume in der Nacht von Leberwurstbrötchen. Dieses ewige trockene und geschmacklose Chapati ist eine Strafe des Himmels!

Der Höhepunkt unserer Tour steht am nächsten Morgen an - auf zum K2. Mein luftgefülltes Kopfkissen hat in der Nacht einen Riss bekommen. Somit unfreiwillig flachgelegt, bin ich mehrfach mit Atemnot aufgewacht und musste mich etwas verwirrt erstmal hinsetzen. Man fühlt sich in solchen Augenblicken um Jahrzehnte gealtert. Mein Knie ist dagegen wieder in Ordnung. Es kann also losgehen.

Um sieben Uhr brechen wir auf. Der Himmel ist klar und lässt einen heißen Tag, aber auch eine gute Aussicht erwarten. Der K2 schaut schon jetzt hinter dem Marble Peak hervor. Unser Ziel ist es, ihm auf der Mittelmoräne des Godwin-Austen-Gletschers so nah wie möglich zu kommen. Henry Haversham Godwin-Austen hatte in der zweiten Hälfte des 19. Jahrhunderts lange für die britische Kolonialregierung als Landvermesser gearbeitet. Martin Conway hat ihm den 20 Kilometer langen Gletscher gewidmet.

Gleich am Anfang muss die Eisbrücke überquert werden, die wir gestern schon von der anderen Seite bewundert hatten. Wir legen die Steigeisen an und stapfen ohne großes Zaudern den steilen Anstieg hinauf und über den Scheitelpunkt. Auf der Rückseite haben einige Träger einen mit Gummi ummantelten Draht befestigt, an dem man hinabrutschen kann. Man solle ihm aber nicht wirklich trauen, meint Aman. Unten angekommen, nimmt uns der Koch die Steigeisen ab und bringt sie zurück ins Lager. Auf dem Rückweg wird das Eis soweit angetaut sein, dass wir auch ohne die Eisenspitzen Halt darauf finden.

Nur mit unserem Führer und dem Küchenassistenten gehen wir weiter. Heute sind gleich mehrere Gruppen aus Italien und Japan zeitgleich mit uns unterwegs, die sich alle an den Nadelöhren im Eis drängeln. Wir bemühen uns deshalb, sie möglichst schnell hinter uns zu lassen. Der weitere Weg ist eng und sehr steinig. Vor allem müssen wir mehrfach auf extrem schmalen Eisbrücken ein Gewirr von Gletscherspalten überqueren, in dem man sich ohne Führer schnell verirren könnte. Wiederholt sehe ich mich in die Tiefe stürzen, aber Aman zieht mich resolut mit sich. „Very slippery“, sagt er, wenn ich bereits rutsche - toll zu wissen. Aber er meint es ja nur gut.

Wir rücken dem K2 jetzt deutlich auf die Pelle. An einer Eiswand vorbei kommen wir immer höher in das Seitental hinein, die Wand des Broad Peak ist jetzt nur noch durch ein verspaltetes Eisfeld von uns getrennt. Nach vier Stunden Fußmarsch ohne größere Pausen erreichen wir das Basislager des Broad Peak auf

4900 Metern Höhe. Für die Italiener ist hier ein Lager aufgeschlagen.

Auch die Zelte einer iranischen Expedition stehen etwas weiter vorne. Einer der Bergsteiger hat die iranische Flagge an einem Spannseil befestigt. Erst später werden wir erfahren, dass die Besitzer von ihrem Besteigungsversuch nicht zurückkehren. Auf einem Monument aus Geröll hat man gerade eine Plakette zur Erinnerung an Dana Heide angebracht, die vor wenigen Tagen hier ums Leben gekommen ist. Die Potsdamerin war mit einer Berliner Expeditionsgruppe von elf Männern zum Broad Peak unterwegs. Sie hatten Ausrüstung in eines der höher gelegenen Lager geschafft. Auf dem Rückweg war die 39-Jährige unvorsichtig über eine Gletscherspalte gesprungen und hatte es nicht geschafft. Dabei ist an derselben Stelle schon im vergangenen Jahr bereits ein einheimischer Porter tödlich verunglückt, erzählt Aman ärgerlich. Augenzeugen werden später berichten, die Verunglückte sei von dem eiskalten Gletscherfluss 50 bis 100 Meter weit davon getrieben worden sein. „Her smile lives on" hat jemand mit einem Meißel in die Blechplakette gestochen. Bunte Gebetsfahnen wedeln im Wind um die Steinsäule. Damit hat der Berg ein weiteres Todesopfer gefordert. Erst 2006 war der Extremsportler Markus Kronthaler beim Abstieg vom Broad Peak an Erschöpfung gestorben. Und schon bei der Erstbesteigung hatte der Gipfel sich tückisch gezeigt. Die Bergsteiger-Legende Karl Herrlighofer musste 1954 seine Expedition gut 1100 Meter unter dem Gipfel abbrechen. Und Hermann Buhl, Kurt Diemberger und Macus Schmuck, die Herrligkhofer drei Jahre später folgten, stellten enttäuscht fest, dass der erste sichtbare Gipfel nur ein Vorgipfel ist. Der Hauptgipfel liegt dahinter, durch einen Abstieg und einen langen, steilen Schneegrat getrennt. Das Trio musste das Unternehmen abbrechen, wagte aber wenig später einen zweiten Versuch und stand am 9. Juni 1957 endlich oben - ohne Hochporter und Sauerstoffflaschen. Dort mussten die drei allerdings feststellen, dass der Vorgipfel nun sogar höher aussah. Irgendwie muss das deprimierend gewesen sein.

In der ersten Winter-Expedition schafften es vier Polen sogar erst im März 2013 auf den Broad Peak. Und wie wir in Paiju gehört haben, kommen bei solchen Wagnissen noch heute regelmäßig Bergsteiger um.

Auch der K2 machte Menschen den Aufstieg nie leicht. Die ersten, die es wirklich versuchten, waren ein buntes Trüppchen um den Österreicher Oscar Eckenstein im Jahr 1902. Neben einigen passionierten Bergsteigern aus dem Alpenraum waren auch ein wohlhabender britischer Kunstmäzen und ein englischer Hobbymagier darunter. Sie kamen aber nur bis zu einer Höhe von rund 6700 Metern. In der dünnen Luft soll der Schwarzmagier Aleister Cowley eine Waffe gezogen haben. Vielleicht haben sich das die anderen aber auch nur eingebildet.

Einige Jahrzehnte später haben der aus Dresden stammende Fritz Wiesner und sein Sherpa Pasang Dava Lama im Sommer 1939 den Gipfel schon fast erreicht. Da schaut der Begleiter auf die Uhr und weigert sich, weiter zu gehen. Die Götter seien ihnen nicht gnädig, erklärt er. 230 Meter unter dem Gipfel, als die schwierigsten Stellen längst gemeistert sind, brechen sie ab. Auf dem Rückweg verliert Lama dann seine Steigeisen. Ein zweiter Versuch ist damit nicht möglich.

So dauert es bis zum 31. Juli 1954, bis die Italiener Achille Compagnoni und Lino Lacedelli endlich auf dem Gipfel stehen. Eine große italienische Expedition hat ihnen den Weg bereitet. Ein seltener Erfolg. Die nächsten Gipfelstürmer wird der K2 erst 1975 sehen. Erst interessiert sich niemand für den bezwungenen Berg. Dann erklärt die Regierung ihn für ein Jahrzehnt zum Sperrgebiet, als 1965 der Zweite Krieg um Kaschmir ausbricht. Bis heute ist der Berg einer der einsamsten Orte der Welt. Nur etwa 300 Menschen haben auf seinem Gipfel gestanden, darunter waren bislang elf Frauen. 80 Menschen haben ihre Ambition allein an diesem Gipfel mit dem Leben bezahlt. Eine Verkettung ungünstiger Ereignisse reißt allein am 1. August 2008 elf Bergsteiger in den Tod - die bislang größte Tragödie an diesem Gipfel.

Wir machen unser Picknick in sicherer Entfernung mit Keksen, Schmelzkäse, Trockenobst, Tee und Chapati. Vor allem habe ich schrecklichen Durst. In diesen Höhen kann man gar nicht genug trinken - und hat in der Sonne trotzdem einen trockenen Hals. Noch weiter zu gehen bis zum Basislager des K2 macht an einem Tag keinen Sinn. Das würde noch sechs Stunden Gehzeit bedeuten - und keinen besseren Blick. Man steht dann direkt vor der Wand dieses Giganten und kann ihn gar nicht mehr in seiner ganzen Pracht bewundern. Wir dagegen haben für Stunden einen klaren Blick auf K2 und Broad Peak, bevor erneut einzelne Wolken in das Tal ziehen.

Der Abstieg klappt zunächst reibungslos. Vor uns liegen 300 Höhenmeter Abstieg und die Erwartung eines bereits bequem eingerichteten Lagers. Erst die letzte Stunde ist dann eine echte Qual. Der Concordiaplatz will und will nicht näher kommen. In der klaren Luft unterschätzt man regelmäßig die Entfernungen.

Kurzatmig und ausgelaugt bringen wir die letzten Kilometer hinter uns. Zum Schluss müssen wir noch einen längeren Bogen laufen, weil die Eisverschiebungen den direkten Weg unpassierbar machen. Aman kriegt dann noch beinahe einen Nervenzusammenbruch beim Überqueren der Eisbrücke, obwohl es objektiv keinen Grund dafür gibt. Schlimmer sind die Blasen, die sch am Abend beim Ausziehen der Wanderstiefel zeigen. Das ständige Anstoßen an Felskanten und Eisbrocken fordert seinen Tribut.

Ein langer Weg zurück

Zeit für den langen Abstieg. Eigentlich wollten wir in drei Tagen über den 5940 Meter hohen Gondogoro-Pass ins Hushe-Tal absteigen. Dann hätten wir uns denselben Rückweg gespart. Die Armee hat aber vor einigen Wochen sämtliche neuen Genehmigungen für die erst 1986 etablierte Passquerung verboten. Die Gründe dafür sind etwas dubios. Angeblich seien auf dem steilen Abstieg zu viele Unfälle passiert. Es war aber wohl eher so, dass viele Expeditionen den kürzeren Weg von Hushe aus zum Concordia-Platz wählten und damit den Nachschub der Armee gefährdeten. Die Leute in Hushe, die als Träger ihr Geld verdienen und den Pass seit einigen Jahren für jede Saison mit Fixseilen sichern, sind jedenfalls von ihrer Einnahmequelle abgeschnitten. Andererseits sei die Pass-Etappe mit 20 Stunden Gehzeit extrem anstrengend, berichtet Aman, und auch anders als von Veranstaltern behauptet nicht ganz ungefährlich. Steinschlag, Spalten und Eis gefährden gerade bei vielen Gruppen oder Schlechtwetter die Wanderer. Wir hatten dafür extra Eispickel im Gepäck. Nun bin ich ganz froh, dass mir diese Etappe erspart bleibt.

Um sieben Uhr früh gehen wir los. Zum Glück scheint die Sonne nur hin und wieder. So wird es nicht ganz so heiß. Heute wollen wir 1,5 der üblichen Tagesetappen zurück bis zum Lager Goro I schaffen. Auf dem Weg ist wenig los. Damit kommen wir recht schnell voran, weil wir nicht ständig auf dem engen Pfad

Platz machen müssen. Wir treffen eine Gruppe Soldaten in schluffigem Outfit. In Uniformen sei Wandern hier unmöglich, sagen sie. Die seien doch viel zu unbequem. Das sollte der Bundeswehr mal jemand sagen. Bei meinen Besuchen bei der Marine hatte ich oft das Gefühl, dass die Leute sich nur durch ihre Uniform und ihre Rangabzeichen definieren, abgesehen vielleicht im Uboot, wo man ja gewissermaßen vor fremden Blicken geschützt ist. Aber natürlich wandern die auch nicht im Karakorum.

Tatsächlich saut hier oben alles derart ein, dass die Klamotten ohnehin nach wenigen Tagen eine braun-graue Einheitsfarbe annehmen. Kein Wunder also, dass die Einheimischen sich gleich nur in Lehmfarben vors Haus trauen. Wahrscheinlich schimpft sonst die Frau zuhause. Jedenfalls wird die Wäsche meines Gepäcks ein Härtetest für meine neue Waschmaschine.

Dann treffen wir auch wieder ein Grüppchen Deutsche. Der große Run auf die Berge Pakistans scheint aber vorerst vorbei zu sein. Das Attentat am Nanga Parbat hat den Leuten hier zumindest für dieses Jahr die Geschäfte verdorben. Denn die Saison hier oben ist so kurz, dass sie durch ein solches Ereignis praktisch zum Erliegen kommt. Sie geht von Juni bis Mitte August, wenn bereits der erste richtige Schnee fallen kann.

Kurz vor dem Lager Goro II falle ich eine Eisstufe hinab auf den rechten Ellenbogen und die rechte Hüfte. Es kracht fürchterlich. Zum Glück gibt es aber nur eine leichte Prellung. Die ist schnell vergessen, denn für langes Wehklagen bleibt ja gar keine Zeit. Nach dem Mittagessen gehen wir zügig weiter. Zum Schluss laufe ich ohne Pause durch, weil ich nicht immer der Letzte in unserem kleinen Wanderzirkus sein möchte. Die Landschaft wirkt ohne Sonne grau und abweisend. Die Berge sind weitgehend verhangen. Von Christoph ist keine Spur zu sehen und nichts zu hören. Selbst Aman hat seine Kommentare eingestellt. Hase Cäsar, mein Stoffmaskottchen im Rucksack, muss sich dagegen einiges anhören, während ich mit ihm auf dem Rücken durch das scheinbar endlose Geröll stapfe. Als wir um 14.30 Uhr unseren Lagerplatz auf einem Schutthügel erreichen, fängt es auch noch an zu regnen. Also schmollen und schweigen wir ein wenig im Zelt. Die Anstrengung fordert von uns allen ihren Tribut. Am Abend dann reißt die Wolkendecke nochmals auf und gibt den Blick frei auf den mondbeschienenen Masherbrum, den K1 mit einer Höhe von 7821 m. Da wirkt die Aussicht fast magisch.

Zum Ausschlafen bleibt für den Rest der Tour keine Zeit mehr. Um sechs Uhr früh wickeln wir uns aus den diversen Baumwoll-, Fleece- und Daunenschlafsäcken. Auch der Masherbrum hat sich zugedeckt. Keine Chance, ihn noch einmal am Tag zu fotografieren. Christoph ist sauer. Nichts klappt, alles katastrophal etc. etc. „Oh my god", stöhnt Aman solidarisch, damit wir ihm schnell folgen. Und fügt noch schnell hinzu - damit wir uns keine Hoffnungen machen und womöglich abwarten: Besser werde es heute auch nicht. So brechen wir dann um 7.15 Uhr zügig auf. Der Weg nach Urdukas kommt mir heute unendlich weit vor. Die Fliegen sind zurück und so anhänglich wie auf dem Hinweg. Eine scheinbar endlose Pferdeprozession der Armee hält uns auf. Vom gestrigen Regen ist die Luft extrem feucht. Sobald die Sonne rauskommt, wird es grässlich heiß. Der liebe Gott hat diesen einmaligen Weg wirklich mit den sieben Plagen geschlagen. Irgendwie ist es fast komisch, wie eine Belästigung die andere ablöst. Trotzdem sind wir heute insgesamt guter Dinge. Es geht zügig abwärts. Das hilft psychologisch enorm weiter. Um 11.30 Uhr wandern wir vom Baltoro-Gletscher hinunter auf festen Grund und die letzten steilen Meter hoch nach Urdukas. Die Küchenmannschaft wartet schon mit der Suppe und Cocktailfrüchten aus der Dose. Viele Wildblumen sind jetzt voll erblüht. Aman erzählt, dass der so lieblich wirkende Platz allerdings gar nicht ungefährlich sei. Vor Jahren gab es hier noch einen mächtigen Felsüberhang, unter dem die Träger regelmäßig rasteten und schliefen. Irgendwann mitten in der Saison brach er ab und begrub einige Porter unter sich.

Heute haben wir hier eine gute Sicht auf das Tal, den Muztagh-Turm (übersetzt Eisturm, 7273 m) und die Trango-Türme. Die pakistanische Luftwaffe schickt einige Flugzeuge, die Gebrauchsgüter gut verschnürt über den Armee-Camps in der Umgebung abwerfen. Wahrscheinlich wäre das mit Kerosin-Kanistern schlicht zu gefährlich, weshalb man auf die Pferde auch im 21. Jahrhundert nicht verzichten kann. Irgendwann werden die Generäle sicher eine Straße zumindest bis Paiju bauen lassen.

Leider fällt unsere Pause wieder kurz aus. Nur 15 Minuten extra kann ich den Küchenleuten abhandeln bzw. durch langsames Teetrinken „ersitzen". Nach einer Dreiviertelstunde wollen sie unbedingt weiter. Dabei haben wir es gar nicht mehr so weit – und die Sonne brennt! Ein kräftezehrendes auf und ab am Rande des Gletschers beginnt. Leider haben wir nur Trinkflaschen für je einen Liter Wasser dabei, die wir mittags stets auffüllen. Heute ist unser Vorrat schon nach kurzer Zeit verbraucht und das Ende des Wegs in dem unübersichtlichen Gelände noch nicht einmal in

Sicht. Auch den voluminösen schwarzen Regenschirm kann ich nicht aufspannen, weil ich auf dem Kletterpfad zwischen den Geröllblöcken nur mit beiden Teleskopstöcken einigermaßen zügig vorankomme.

Aber auch dieser Hindernislauf liegt letztlich schnell hinter uns. Um 15.30 Uhr sind wir in Khobutze, das im Sonnenschein gar nicht so ungemütlich wirkt wie auf dem Hinweg. Unter dem kräftigen eiskalten Wasserstrahl aus einem Gartenschlauch wasche ich mir zum ersten Mal seit zehn Tagen richtig die Haare. Dann noch eine Rasur - von Issa Kahn kritisch begutachtet - und der Karakorum-Räuber-Look gehört zumindest fürs Erste der Vergangenheit an. „Oh my god", ruft Aman anerkennend.

Auf der nächsten Etappe könnte es heiß werden - richtig heiß. Das mögen wir uns nicht wieder antun und beschließen einen frühen Aufbruch. Wir sind ohnehin längst daran gewöhnt, mit dem Sonnenlicht zu leben. Ich würde schreiben, mit den Hühnern aufzustehen. Aber die Federviecher sind längst im Topf gelandet. Also stehen wir um fünf Uhr auf und sind eine halbe Stunde später schon auf dem Weg den Fels hinab zur letzten Gletscherquerung. In der Eile überprüfe ich nicht, ob der Küchenhelfer Christophs Wasserflasche richtig geschlossen hat. Und der Pechvogel steckt sie ausgerechnet kopfüber in den Rucksack. Wenig später sind Papiere, Akkus, Klamotten und Speicherkarten nass - und meine Begleitung ist für den Rest des Vormittags nicht mehr ansprechbar. Als Chris das Malheur bemerkt, rutscht auch noch ein Speicherchip beim Funktionstest unerreichbar in eine Felsspalte. Wir bekommen davon zuerst gar nichts mit. Aman treibt mich an einem langen Steilhang zur Eile an, weil er Steinschlag von oben fürchtet. Hier könnten wir unmöglich warten. An geeigneter Stelle lässt er mich zurück und holt Christoph nach. Der ist inzwischen aber stinksauer und rennt uns unerreichbar davon, Aman stöhnt „oh my god“ und ich rätsele für Stunden voller Sorge, ob jetzt die vielen hundert Bilder von diesem Abenteuer im digitalen Nirwana gelandet sind.

Es geht zurück quer über den Gletscher und dann am Braldu-Fluss zurück nach Paiju. Die ersten zwei Stunden ist es noch leicht bedeckt und erträglich kühl. Wir rennen fast vor der Sonne davon, die uns danach förmlich grillt. Das Gestein um uns herum wirft die Hitzestrahlung wie ein Backofen zurück. Nur die Fliegen fühlen sich wohl – und auch der Staub ist hier kurz vor der Gletscherzunge bereits wieder allgegenwärtig.

Als wir uns von der Talwand lösen und die drei Kilometer Luftlinie quer über den Gletscher zur anderen Talseite wenden, wird es nicht besser. Ich staune im Sonnenlicht, wie zerklüftet der Gletscher an dieser Stelle tatsächlich ist. 40, 50 Meter tiefe Furchen ziehen sich hindurch, in die wir absteigen müssen, nur um ein paar Meter weiter auf der anderen Seite wieder hoch zu laufen. Das Geröll ist durch die Hitze der letzten Tage sehr locker. Überall tritt Schmelzwasser aus und läuft in dunklen Schmutzbächen davon.

Die gute Nachricht aber: Unsere Kondition ist erstaunlich gut. Ohne wirklich lange Pausen halten wir sechs Stunden durch. Auch als wir den Gletscher endlich verlassen, gehen wir weiter – immer mit dem Blick nach oben auf den nun fast wolkenlosen Himmel. „Das Miststück“ nennt Christoph die Sonne inzwischen.

Der Braldu führt viel mehr Wasser als auf unserem Hinweg. Die Eisschmelze ist jetzt Mitte Juli auf ihrem Höhepunkt. Gewaltige Felsblocken hievt der Fluss jetzt zu Tal. Ein einziges Brodeln, laut wie ein Rockkonzert, übertönt in der letzten Wegstunde jedes andere Geräusch. Oft ist der eigentliche Pfad nicht mehr begehbar und wir müssen Alternativen höher am Hang suchen. Das verlängert die Gehzeit um einiges. Trotzdem: Bereits um 11.45 Uhr tauche ich ein in den schütteren Schatten der Pappeln von Paiju und fühle mich bereits als gewiefter Baltoro-Experte. Christoph ist in seinem Ärger schon eine Dreiviertelstunde früher angekommen. Mit dumpfen Geräuschen hantiert er im Zelt herum. Ich gehe lieber gleich zur obligaten Nudelsuppe ins Mensa-Zelt, für die es komischerweise gar nicht heiß genug sein kann. Eine halbe Stunde später breitet mein Begleiter dann seine nassen Handschuhe und die Mütze zum Trocknen auf dem Zeltdach aus und kommt zu uns. Er müht sich um Wortkargheit, aber eigentlich ist gar nichts passiert, kein dauerhafter Schaden entstanden. Aman und ich sind ziemlich erleichtert und vergessen die Episode rasch.

Den Nachmittag widmen wir der Körperhygiene. Leider sind inzwischen sämtliche Plastikeimer, die als Duschwasserreservoir dienen, zerbrochen und unbrauchbar. Mittels eines angelaufenen Kochtopfes und kaffeebraunen Wassers aus dem nur mäßig sprudelnden Schlauch verabreiche ich mir eine kalte Dusche. Dann kommt die vor Dreck starrende Trekkinghose in den Topf. Die angeschlagenen Trekkingstiefel können wir dagegen nur ausklopfen. Auch meine Füße selbst sehen aus wie nach einem Feldzug und die Fingernägel haben schwarze Ränder wie bei einem Kohlenkumpel. Ich müsste mich jetzt in ein weiß gekacheltes Badezimmer beamen können, direkt in die Badewanne, in ein Schaumbad mit viel Apfelaroma…

Nun noch der heiße Rest. Um 3.50 Uhr stehen wir am folgenden Tag auf und verlassen Urdukas kurz nach Beginn der Dämmerung. Es geht nun weitgehend bergab. Dafür haben wir uns wieder 1,5 Tagesetappen vorgenommen, damit wir morgen möglichst früh zurück in Askole sind und es sicher zurück bis Skardu schaffen werden. Der Himmel zeigt sich heute wieder völlig wolkenlos. Schon zu der Zeit, in der normale Menschen gerade erst aufstehen, ist es brütend heiß.

Dennoch kommen wir zügig voran. Schon um 9.30 Uhr steuern wir unter einigen schütteren Bäumchen unseren Lunch-Platz an. Unsere Küchenmannschaft hat noch nicht so früh mit uns gerechnet, serviert dann aber ohne weitere Erklärungen die tägliche Nudelsuppe - heute wieder mit viel Chili. Ich versuche, so viel zu trinken wie möglich, um den Flüssigkeitsverlust auszugleichen. Aber mehr als drei Becher Tee gehen einfach nicht. Zum Nachtisch gibt es Ananas aus der Dose - selten hat die so gut geschmeckt.

Es macht keinen Sinn, hier zu verweilen, auch wenn es nun richtig drückend wird. Doch die eigentliche Mittagshitze steht uns noch bevor. Also bemühen wir uns um einen schnellen Aufbruch, packen endlich wieder unsere schwarzen Regenschirme aus und machen uns auf den Weg. Sanddornbüsche trotzen der Hitze. Die Heckenrosen haben dagegen schon einiges von ihrer Pracht eingebüßt. Ab Mitte August endet der kurze Sommer hier oben. Da sind die Tage der Blüte rar gesät.

Nach zwei weiteren Stunden biegen wir in das Seitental von Jola ein. Die engen Talwände wirken wie ein Brennglas und vervielfachen die Hitze. Man möchte am liebsten vor ihr davon rennen. Doch da hilft nur ein gleichmäßiges Tempo, immer dem Ziel entgegen. Kurz nach zwölf sind wir endlich im Camp, wo wir die erste Nacht verbracht haben. Der Eindruck von einem schattigen Plätzchen trügt. Wirklich Schatten gibt es hier nur hinter einer Hecke, wohin die Betreiber sinniger Weise das Wasser aus einem Gletscherbach leiten. In diesem Matschpfuhl kann niemand sitzen. Vor Jahren hat irgendwer das Lager sogar mit Picknicktischen und -bänken und einer Feuerstelle ausgestattet. Doch obwohl die Möbel aus standfestem Beton gefertigt waren, haben die Einheimischen und die extreme Witterung alles bis zur Unbrauchbarkeit zerstört. Noch drei verbogene Stuhlgerippe aus Metallstreben ohne Sitzfläche sind der klägliche Rest. Und da wundert es die Einheimischen, unseren Bergführer inklusive, dass ich schließlich die Rettungsdecke aus dem Erste-Hilfe-Kit auspacke, die Schuhe ausziehe und mich unter den schmalen Schatten von ein paar Sträuchern lege.

Ich denke überhaupt nicht daran, Jola in der größten Hitze gleich wieder zu verlassen. Genauso hat Aman sich das nämlich gedacht. „Come on Mr. Marten", ruft er immer wieder in wachsender Unruhe. Christoph ist meine bodennahe Ruhestatt offenbar peinlich. Lieber balanciert er mit einer Pobacke auf einem der Schrottstühle. Jeder wie er mag. Jedenfalls ignoriere ich das Gejammer Amans geflissentlich und stelle mich schlafend, nur unterbrochen durch einen gelegentlichen Griff zur Wasserflasche.

Erst als die Sonne um 13.30 Uhr soweit gewandert ist, dass mein Unterschlupf keine Kühlung mehr verspricht, lasse ich mich zum Aufbruch überreden. Aman ist überglücklich. Wahrscheinlich hat er sich schon ausgemalt, wie ich in Jola einen Sitzstreik antrete oder ähnliches. Oder noch schlimmer: Wie wir am Abend zu spät für den Tee im Lager ankommen und dann von den Tee-affinen Berggeistern in einer Felsschlucht gesteinigt werden - „oh my god". Dabei ist er nicht religiös, sagt er jedenfalls.

Der Braldu-Fluss neben uns ist längst ein reißender Strom. Immer wieder schneidet er uns den Weg ab und zwingt zu umständlichen Kletterpartien den Hang hinauf. Mit Regenschirm und Kletterstock sieht das sicher ziemlich komisch aus. Trotzdem bewältigen wir auch das letzte Drittel insgesamt in nur 2,5 Stunden Gehzeit. Pünktlich um 16 Uhr verlassen wir offiziell den Zentral-Karakorum-Nationalpark, marschieren über die letzte kleine Brücke und erreichen den Lagerplatz Korophon an einem flachen Seitenbach. Hier hatte die Küchenmannschaft auf dem Hinweg das erste Mittagessen serviert. Nun genießen wir hier einen gemütlichen letzten Abend. Es kommt etwas Wehmut auf als Sahir die letzten Lebensmittel aus den Transporttonnen kramt. In den letzten Wochen haben wir uns gut aufeinander eingespielt. Zu lauten Worten ist es bei aller Anstrengung nie gekommen. Geordnet und genügsam haben wir unser Ziel erreicht und auch sicher den Rückweg bewältigt. „Morgen müsst ihr wieder im Hotel essen", sagt Sahir mitleidig. Er weiß ja, wie dort gekocht wird. Als die Dunkelheit ins Tal kriecht und die letzten Farben der hier nur braunen Bergspitzen erlöschen, wölbt sich ein großartiger Sternenhimmel über Korophon.

Schließlich: Letzte Meter! Die nach 18 Tagen Wanderschaft heiß ersehnte Dusche ist fast schon physisch zu spüren. Nur noch ein paar Stunden! Um vier Uhr hält uns nichts mehr im Schlafsack. Es ist noch dunkel, als wir die Kaffeetassen füllen. Zum Abschied noch ein Omelette und etwas Chapati natürlich. Aber nur, damit Aman sich freut. Aman, der sich ein Leben ohne Chapati gar nicht vorstellen kann. Genauso unverzichtbar ist für ihn der in Milch gekochte Tee mit Salz, den er so gerne trinkt.

Kurz vor fünf ist alles verpackt, verschnürt, geschultert. Eilig brechen wir auf, um der Sonne an diesem Tag doch mal ein Schnippchen zu schlagen. Wie um uns zu verführen, belohnt sie uns mit einem Sonnenaufgang, der die umliegenden Felsen erst messingfarben, dann golden erstrahlen lässt. Gut, da packen wir dann doch die Kameras noch einmal aus. Aber dann geht es ganz schnell weiter hinab ins Tal. Ich hatte schon vergessen, dass kurz vor dem Ende eine steile Passage wieder ein Stück hinauf führt. Egal, wir nehmen auch dieses Hindernis ohne nennenswertes Keuchen. Unsere Kondition ist noch immer erstaunlich gut - und um 7.30 Uhr streifen wir durch die ersten Felder von Askole bis zum Campingplatz. Sahir serviert einen letzten Tee, während wir auf Aman warten, der in langwierigen Verhandlungen mit den Trägern abrechnet. Was unsere zuverlässigen Begleiter danach anfangen werden, wissen sie noch nicht. Erstmal kehren sie in ihre Dörfer zurück, denn ein neuer Auftrag ist noch nicht in Sicht. Die beiden jüngsten Träger werden im Herbst wieder die Universität besuchen. Sahir und Issa Kahn hoffen noch auf neue Aufträge in der kurzen Saison, die ihnen helfen werden, ihre Familien durch den Winter zu bringen. Aman wird uns noch ein paar Tage begleiten und plant dann, auch nach Islamabad zu kommen. Er ahnt noch nicht, dass er stattdessen ohne einen Ruhetag mit zwei jungen Polen für 65 Tage zu einer Expedition zu den *Trango Towers* aufbrechen wird. In seiner Situation muss er jede Arbeitsgelegenheit ergreifen. Als Single zögert er nicht lange.

Es ist kein Wagen für uns vorbestellt. Trotzdem findet sich schnell ein junger Mann, der uns nach Skardu fahren will. Erst organisiere ich noch ein Gruppenbild mit der Mannschaft, dann steigt das halbe Dorf auf die Ladefläche - das ist in der Tat kaum übertrieben - und wir quetschen uns zum Chauffeur in die Fahrerkabine. Bei Sonne ist die Rückfahrt über die gewundene Staubstraße noch eindrucksvoller als auf dem Hinweg - aber auch noch beängstigender. Der Wagen schleudert und schaukelt im Bemühen, nicht festzufahren, in den tief ausgefahrenen Spuren derart, dass selbst dem erfahrenen Issa Kahn oben auf der Ladefläche übel wird. Bei der nächsten Gelegenheit steigt er ab und sucht sich eine andere Transportgelegenheit.

Weil der Ramadan noch in vollem Gang ist, können wir unterwegs nur mit Mühe etwas zu essen finden. Aman versorgt uns mit Mango-Saft und Keksen. Uns würde das eigentlich reichen, denn die Verlockungen des Concordia Motels vor Augen, wollen wir keine Zeit verlieren. Aman meint aber, eine Mittagsrast müsse sein. So kehren wir schließlich in einer Spelunke ein, die aber eine Lizenz zur Verpflegung Reisender besitzt. Das ist so ziemlich das einzige, womit der Laden aufwarten kann, abgesehen noch von einem Fernseher, der erstaunlich weltläufige Werbespots für Zahnpasta präsentiert. Beim Essen vom robusten Blechgeschirr fallen mir wieder Sahirs Worte von gestern ein: „Morgen müsst ihr wieder im Hotel essen". Die Hammelknochen in Fett rühre ich tatsächlich nur aus Höflichkeit überhaupt an.

Um 15 Uhr schließlich fühlen wir uns so gerädert wie nicht in 18 Tagen Fußmarsch. Aber wir sind zurück in Skardu, wo es Strom, Internet, kühle Limonade und eine warme Dusche gibt. Es gibt sogar etwas Geld aus dem Automaten, mit dem wir nun endlich die Trinkgelder bezahlen können. Sogar bei den Lokalbehörden können wir noch vorbeischauen, um uns offiziell zurück zu melden. Das interessiert allerdings nicht wirklich. Man habe nichts anderes erwartet, sagt der Dienst habende Beamte und schließt die Akte. Danach holt uns dann die pakistanische Wirklichkeit eines stundenlangen Stromausfalls wieder ein. Die Leute hier sind wirklich nicht zu beneiden. Unter solchen Bedingungen leben zu müssen, fordert viel mehr Stehvermögen als es sich jeder deutsche Gewerkschaftler überhaupt vorstellen kann.

Als der Strom zurück ist, beschließen wir bei einem Telefonat mit Ishak Ali in Islamabad, morgen ins nördliche Hunza-Tal im Angesicht des mächtigen Rakaposhi zu fahren. Der Nanga Parbat ist nach den Anschlägen bis auf weiteres für Ausländer gesperrt. Nachdem Aman uns so viel von seiner Heimat vorgeschwärmt hat, wollen wir dort mal selbst vorbeischauen. Nur Tee mit Salz trinke ich als langjähriger Wahl-Ostfriese bestimmt nicht. Da kann er sich auf den Kopf stellen und mit den Ohren wackeln.

Zu den Hunzukutz

Nicht zu fassen: Wir haben ein Auto mit Fensterscheiben! Dass ich das in Pakistan noch erleben darf. Unserer langen Fahrt ins Hunza-Tal steht damit nichts mehr im Weg. Bevor wir aber aufbrechen, bestehe ich auf einem kleinen Abstecher zum Buddha-Felsen im Süden Skardus. Vermutlich im 8. Jahrhundert haben die damals buddhistischen Bewohner Baltistans das sechs Meter hohe Relief in einen markanten Felsen geschlagen. Es zeigt Buddha auf einem Lotusblatt sitzend, umringt von zwei großen Bodhisattvas und 20 kleineren Buddhafiguren umringt. Die tibetische Inschrift ist kaum noch zu erkennen. Offenbar hat jemand versucht, das Relief mit Farbe und Werkzeugen zu zerstören. Dabei ist es eines der letzten Überbleibsel aus der vorislamischen Zeit in dieser Region. Und die Inschrift konnte von Wissenschaftlern bis heute nicht entziffert werden. Es gibt zwar einen Maschendrahtzaun um den Felsen, aber das Relief ist dennoch durch eine offene Tür frei zugänglich. Wenn in Pakistan einmal radikalislamische Kräfte die Oberhand bekommen, dürfte die Anlage hoch über dem Tal in größter Gefahr sein.

Nach dem kurzen Besuch auf einer steilen Piste ist erstmal die Wasserleitung am Fahrzeug defekt und muss in Skardu von Hand gerichtet werden. Wir kaufen Cola und Kekse für unterwegs und fügen uns geduldig in unser Schicksal. Unser Auto macht zwar zunächst einen besseren Eindruck. Dennoch ist auch hier drin alles von einer Staubschicht überzogen und keine Klimaanlage vorhanden. So wird es selbst ohne körperliche Aktivität schnell heiß. Ich frage mich, wie ich all die Tage durch diese brütende Hitze laufen konnte. Es kommt mir schon vor, als sei es Monate her, dabei sind wir erst gestern die letzten Kilometer gelaufen.

Um 9.30 Uhr können wir nach 90 Minuten Zwangspause endlich los. Am lehmig braunen Indus entlang fahren wir aus der Stadt hinaus. Der Fluss hat hier am Fuß der Berge ein weites Tal gegraben. Wir überqueren ihn auf einer breiten Straßenbrücke, die ebenfalls nur als Hängebrücke konstruiert ist, aber doch einen solideren Eindruck macht. Nach Westen fahrend winden wir uns jetzt immer weiter dem Indus folgend durch die Berge. An den Straßenrändern, auf Felsen und den flachen Hausdächern trocknen überall die Aprikosen. Schwer beladene Lastwagen mit riesigen Aufbauten, kunstvoll mit allerhand bunten Miniaturen bemalt und mit Lametta in bunten Farben und bimmelnden Glockenspielen behängt, kommen uns entgegen. Die Fahrer dieser Ferntransporte, die so typisch für die Straßen Pakistans sind, muss man wahrlich fürchten. Sie nutzen jedes noch so kleine gerade Straßenstück aus, um mit Vollgas darüber zu donnern. Im letzten Moment bremsen sie dann ab, wenn wieder eine der engen Haarnadelkurven kommt. Dass man den Verkehr dahinter nicht einsehen kann, schert sie wenig. Man vertraut offenbar auf Gott und die Bremsbeläge. Nach vielen Stunden im Auto werden wir diese Fahrweise allerdings verstehen. Wegen der schlechten Straßendecke, der vielen Steinschläge und der ungezählten Kurven schafft man nur wenige Kilometer in der Stunde. Das macht zweifellos ungeduldig.

Ingenieure der pakistanischen Armee haben die Straße in den späten 1970er-Jahren als enges Band ein paar Dutzend Meter über dem Fluss aus dem Fels gesprengt. Erst seit ihrer Fertigstellung 1982 gibt es damit eine befahrbare Straßenverbindung nach Skardu. Vorher musste alles mit Maultieren und Eseln transportiert werden. Aber noch heute ist die Etappe ein Abenteuer. Mit dem Strom windet sie sich in gewagten Auf- und Abschwüngen, umringt von schneebedeckten Bergen, höchst spektakulär durch den Karakorum. Es ist wie eine Achterbahnfahrt - untermalt vom Rauschen des tosenden Indus und von schriller pakistanischer Musik und einer noch schrilleren Frauenstimme, die in Dauerwiederholung von einer leiernden Kassette abgespielt wird. Unterbrochen wird die Kakophonie eigentlich nur, als ein schepperndes Geräusch unter dem Wagen den Fahrer kurzfristig anhalten lässt. Er kriecht unter die Motorwanne und kommt Minuten später mit einem Stoßdämpfer wieder hervor, der sich gelockert hat. Der wandert kommentarlos in den Kofferraum und die Fahrt geht weiter.

Zum Mittagessen halten wir in einem bemerkenswerten *VIP-Restaurant* an der Einmündung eines Nebenflusses. Die Kühle des Tals lässt das Fleckchen zu einer regelrechten Oase in der Hitze der Berge werden. Viele Trucker unterbrechen hier ihre Fahrt. Es gibt sogar ein paar primitive Zimmer, die direkt von der Gischt des Indus gekühlt werden. Im Speiseraum für Nicht-Muslime mit grasgrünem Teppichboden und kahlen Wänden soll eine Plastikdecke auf dem wackeligen Holztisch Gemütlichkeit suggerieren. Die Stühle ringsum sind ein buntes Sammelsurium, von einer gleich machenden Staubschicht großzügig überdeckt. Aus Blechgeschirr gibt es Undefinierbares auf übelstem Niveau und heißen

Tee. Wegen des Ramadan sind wir die einzigen Gäste, womöglich aber nicht nur deshalb.

Nachmittags brauchen wir noch drei Stunden bis Gilgit. Ein Vogel würde nur 135 Kilometer von Skardu bis zur nächsten größeren Stadt Gilgit benötigen. Mit den vielen Mäandern des Indus verlängert sich die Strecke auf 245 Kilometer, für die wir mehr als sechs lange Stunden im Auto sitzen. Kurz vor dem urbanen Zentrum des Nordens, wenn man das von einer 10 000-Einwohner-Streusiedlung so sagen kann, stoßen wir auf den legendären Karakorum Highway. Von chinesischen Bautrupps glatt asphaltiert, mit Spurmarkierungen und teils sogar mit Leitplanken versehen, zieht er sich erstaunlich gerade von Islamabad an die chinesische Grenze.

Wir fahren zunächst ein kurzes Stück nach Süden bis zum Pamir-Knoten. Vordergründig sieht man nur ein breites, braunes Tal sowie den Gilgit-Fluss, der in den breiten Indus mündet. Eine kleine Aussichtsplattform mit einer Panoramakarte erklärt, dass hier die drei höchsten Gebirge der Erde aufeinander treffen: Himalaja, Karakorum und Hindukusch, getrennt nur durch die beiden Flüsse.

Als Dach der Welt wurde die Region in der Vergangenheit bewundert. Die moderne Straße raubt dem Ort etwas von seiner Magie. Aber man sollte nicht glauben, auf dem Highway wäre die Fahrt nun weniger turbulent. Um Zeit zu sparen navigieren alle Fahrer stets in der Mitte der Fahrbahn, um so die zahlreichen kleineren Kurven möglichst nicht ausfahren zu müssen. Erst im letzten Augenblick weicht man dem Gegenverkehr aus. Könnte ja sein, dass der sich vorher ganz zufällig noch in Luft auflöst. Es scheint, als wären hier nur Wahnsinnige unterwegs. In schlingernder Fahrt und mit heulendem Motor fahren wir schließlich in Gilgit ein. Hier sitzt die Provinz-Regierung von Gilgit-Baltistan und es gibt hinter hohen Mauern sogar eine ansehnliche Universität. Der berühmte Basar der Stadt ist ein wenig ansehnliches Durcheinander flacher Bretterbuden. Wir halten beim Bäcker. Der Einkauf ist aber ebenfalls wenig erfreulich. Auf Süßes stehen die Pakistani nicht. Selbst Haribo verkauft hier unter dem Namen *Color Rado* nur scharf gesalzene Kartoffelsticks. Kein Grund also, sich hier länger aufzuhalten als nötig.

Noch fast drei Stunden brauchen wir bis zu unserem Tagesziel. Zunächst am Gilgit, später dann am Hunza-Fluss entlang kommen wir nun wieder hinauf in die Berge. Der Karakorum Highway wurde zwar schon 1971 fertig. Doch erst jetzt bauen chinesische Arbeitskolonnen ihn breit aus, befestigen die Hänge und graben Tunnel an Stellen, wo im Winter zu viel Schnee und im Frühjahr zu viel Steinschlag drohen. Eine mächtige Gebirgsflanke trennt das Tal von Askole, dem Ausgangspunkt unseres Trekkings. Dennoch ist das Gebiet eine völlig andere Welt. Die Bewohner haben in mühevoller Arbeit Terrassenfelder auf den steilen Hängen angelegt und sie mit Gerste, Weizen und Gemüse bepflanzt. Zumindest im Tal und oft bis hoch auf die Hänge ist alles grün, überragt von weißen Bergspitzen. Allen voran überragt der 20 Kilometer breite Rücken des Rakaposhi mit 7788 Metern das ehemalige Königreich Hunza. 6000 Meter ragt die „Glänzende Wand" - so die Übersetzung - aus dem Tal heraus und bietet Bergsteigern die größte Steilflanke der Erde. Wir erwischen den Gipfel noch buchstäblich im letzten Sonnenlicht, bevor das Alpenglühen auch die anderen Gipfel in einen milden roten

Dämmerton taucht. Dann endlich sind wir um 19.30 Uhr in Karimabad, einer Bergfrische am Hang, wo der Besitzer eigens sein *Park-Hotel* für uns öffnet. Wir bekommen ein Zimmer mit Blick auf den Rasen im Garten und einen großen Kirschbaum voller dicker, saftiger Früchte. In den 70er-Jahren führte der neue Highway viele Blumenkinder auf ihren Asientouren hierher. Später kamen Bergsteiger und Wanderer. Doch seit 2001 liegt Karimabad im Dornröschenschlaf. Ausländische Reisende sind hier eher eine Seltenheit in diesen Zeiten.

Einen Mir, einen regierenden Fürsten gibt es im Hunza-Tal seit 1974 nicht mehr. Trotzdem statten wir als erstes dem mächtigen Baltit-Fort hoch über Karimabad einen Besuch ab. Es wurde so weit an den Rand eines von den Bergen abfließenden Gletschers gebaut, dass es von hinten ebenso uneinnehmbar war wie von der Talseite aus. Inzwischen ist der Gletscher zurückgewichen und hat einer tiefen Schlucht Platz gemacht. Vermutlich schon im 14. Jahrhundert, so erklärt uns ein erstaunlich bewanderter lokaler Führer, wurden die Fundamente gelegt. Damals lebten die Fürsten weiter unten im Tal im Fort Altit. Doch eine Familienstreitigkeit unter den zwei Fürstensöhnen Ali Khan und Schah Abbas führte zum Konflikt. Auf dem Höhepunkt zog der ältere Bruder aus und verschanzte sich am Berg. Nachdem er seinen Verwandten besiegt hatte, blieb die Familie der Bergfrische treu.

Im Zentrum des Forts liegt ein düsteres Atrium mit kleiner Lichtöffnung, in dem früher vor allem gekocht wurde. Die Empfangsräume lagen dahinter, ebenso Verliese und Waffenkammern. Die Anlage soll vom Potala-Palast in Lhasa inspiriert sein, wohin die Hunza traditionell Verbindungen unterhielten. Die

Hunzukutz konnten sich als Kleinkönigreich aber vor allem deshalb halten, weil ihr Tal die kürzeste Passage zwischen Kashgar und dem Swat-Tal bot. Allerdings mussten Träger die Lasten über die engen, steilen Pfade befördern. Die Hunzukutz ließen sich das mit Löhnen und Zöllen gut bezahlen. Viermal versuchte der Maharadscha von Kaschmir, in das Tal einzudringen - vergebens. Auch die Briten scheiterten 1889 zunächst. Erst im zweiten Anlauf eroberten sie 1892 das Tal, schleiften die Stadtmauer und Teile des Forts und vertrieben den Mir. Dann setzten sie seinen Bruder als Vasallen ein. Im oberen Stockwerk des Forts sind die Empfangsräume der Briten erhalten geblieben. Am schönsten ist der Blick von der überdachten und mit Teppichen und Kissen möblierten luftigen Empore auf dem Dach. Er reicht von hier aus über das ganze Tal auf die gegenüberliegende Flussseite mit dem alten Königreich Nagar - dem langjährigen Feind Hunzas - und dem Rakaposhi.

So richtig ist die westliche Zivilisation erst mit Eröffnung des Highways 1978 hier eingezogen. Nach dem Amtsverzicht des letzten Mir ist die Anlage aus Holz, Lehm und Geflecht dann schnell verfallen. Erst der schwer reiche Aga Khan, das religiöse Oberhaupt der im Tal überwiegend ansässigen Ismaeliten, ermöglichte bis zum Jahr 1996 eine vorbildliche Restaurierung. Dafür bekam das Projekt u. a. einen Exzellenz-Preis der UNESCO.

Nach der Besichtigung brechen wir zu einem ausgedehnten Spaziergang auf. Gut gepflegte Bewässerungsgräben erschließen das ganze Tal. An ihnen entlang kann man gemütlich durch die Felder und Obst-Kulturen schlendern. Die Aprikosen und Walnüsse des Hunza-Tals sind berühmt. Aber auch Äpfel oder Kirschen, Trauben oder Kürbisse wachsen hier, was in den 1940er-

Jahren einen Amerikaner zu der These inspirierte, die Hunzukutz seien alle Vegetarier und würden deshalb vielfach 130, ja sogar bis zu 145 Jahre alt. Tatsächlich halten sie vor allem Hühner und Ziegen, weil auf den steilen Feldern für Kühe kaum Platz ist. Jedenfalls ist das ganze Tal üppig grün und auch für nicht-vegane Nicht-Esoteriker wie uns ein belebender Anblick. Zu dem insgesamt freundlichen Eindruck trägt auch die Religion bei. Ob die Hunzukutz wirklich so friedfertig sind, wie in der Literatur immer zu lesen ist, steht dahin. Jedenfalls sind sie deutlich mehr interessiert an Fremden und kleiden sich viel bunter als die übrigen Bewohner des Nordens. Fast alle Kinder scheinen zur Schule zu gehen. Jedenfalls kommen wir an etlichen gut gepflegten Schulen vorbei, die offenbar der Stolz der Dörfer sind.

Allerdings ist auch hier die Armut nicht zu übersehen. Die Talbewohner leiden an ihrer Randlage in Pakistan und der schlechten Vertretung in der Regierung in Islamabad. Häufige Stromausfälle behindern das Wirtschaftsleben. Es gibt keinerlei Industrie und die Landwirtschaft dient überwiegend dem Eigenbedarf. So ist es auch in diesem Tal nicht möglich, einen funktionierenden Geldautomaten zu finden.

Zum Mittagessen genießen wir heute einen leichten Pasta-Lunch im Hotel. Danach wandern wir hinüber zum Altit-Fort, das über dem Hunza-Fluss auf zwei Felsen gebaut wurde. Es soll in seinem Ursprung bis auf das 11. Jahrhundert zurück reichen und wurde vor einigen Jahren ebenfalls vom *Aga Khan Development Network* restauriert. Im dunklen Erdgeschoss zeigt uns ein Führer hölzerne Pfeiler, die noch mit tibetischen Symbolen verziert sind. Vom Turm aus hat man einen wunderbaren Blick über das alte Dorf und die verwinkelte Anlage. Mehrere hundert Meter geht es auf der anderen Seite zum rauschenden Fluss hinab. Durch einen knapp zwei Meter breiten Spalt getrennt, ragt eine Felsnase aus dem Abgrund herauf. Angeblich musste dort hinüber springen, wer in den Truppen des Mir zur Führungsfigur aufsteigen wollte. Schon der Blick hinüber weckt Schwindelgefühle.

Da wir keine militärischen Ambitionen hegen, brechen wir lieber zu einem langen Gang hinauf zum *Eagles Nest* auf. Hätten wir gewusst, wie lang er tatsächlich ist, hätten wir vielleicht auf einer motorisierten Fahrgelegenheit bestanden. So laufen wir an unserem Ruhetag heute sicherlich wieder 15 Kilometer. Stundenlang schlängelt sich die Straße in vielen nicht einsehbaren Windungen steil den Berg hinauf. Wir haben die Trinkflaschen nicht dabei und bekommen in der Nachmittagshitze furchtbaren Durst. Aber nur winzige Päckchen mit Mangosaft sind in einem Kiosk zu haben. Erst nach zwei Stunden erreichen wir kurz vor dem Sonnenuntergang den Felsen. Viele Einheimische sind schon da. Sie haben das Auto oder ihre Motorroller genommen. Zum Glück gibt es hier oben ein großes Hotel, das uns Cola verkauft. Nicht dass wir darauf so scharf wären. Aber etwas anderes gibt es nicht. Nun können wir uns Zeit für die leuchtenden Farben in den letzten Sonnenstrahlen nehmen und finden hinterher nicht nur einen Kiosk mit Trinkwasser, sondern auch eine Mitfahrgelegenheit für den langen Rückweg.

Mein Protest nützt nichts: Es muss wieder gewandert werden. Diese Berge sind wie eine Sucht - und heute ist die letzte Gelegenheit, sie zu befriedigen. Schon um sechs Uhr sitzen wir zum Frühstück im Restaurant des Hotels. Die Sonne steht schon hoch über den Bergen und taucht alles in ein strahlendes Licht. An den schon bekannten Bewässerungskanälen steigen wir wenig später aufwärts. Anfangs verpasst Aman den richtigen Pfad. Dorniges Gesträuch, ein rutschiger Wasserfall und Schlamm machen den gewählten Weg zu einem Hindernislauf, der der Wildnis des Zentralkarakorums zur Ehre gereichen würde. Meine Laune ist mäßig. Und dann muss ich mir noch sagen lassen: „You make problems“. Zur Strafe rede ich erstmal kein Wort mehr mit Aman.

Dann stehen wir auf einem frisch befestigten Pfad, der um eine Felswand herum in die Klamm hinter dem Baltit-Fort biegt. Aman ist furchtbar besorgt, wir könnten abstürzen - und das so kurz vor dem Ende seines Auftrags. Ich sorge mich mehr um die 800 Höhenmeter, die uns schnell ins Schwitzen bringen. Nach und nach kommen die Schneegipfel des Ultar Peak und des Bublimotin, des markant-spitzen *Ladyfingers,* näher. Der Hausberg von Karimabad ist zwar „nur“ 7388 Meter hoch. In nur zehn Kilometern Entfernung ragt er aber 5300 Meter über dem Hunza-Fluss auf und dominiert damit das ganze Tal. Unser Ziel ist natürlich nicht der Gipfel, der nur auf einer Klettertour über die 600 Meter lange steile Scharte erreichbar wäre. Wir wandern stattdessen nur bis zur Schäferhütte auf der grünen Alm unterhalb des vergletscherten Gipfels. Die Ziegen haben hier schon länger keinen Schäfer mehr gesehen und sich in der Hütte häuslich eingerichtet. Wir scheuchen sie auf die grüne Wiese und lassen uns auf der Terrasse notdürftig nieder. Aman hat gekochte Eier, das schmackhafte einheimische Brot, Pellkartoffeln, Kekse und Trockenfrüchte mitgebracht. Er erzählt, dass die Einwohner der Gegend die Hütte einst gemeinsam aufgebaut hätten. Oft seien sie hier herauf gekommen, um zu feiern. Als Einheimischer sei man ja in 45 Minuten oben, sagt er ganz nebenbei. Ich denke wieder an die Esoterik-Geschichten über die Hunzukutz, die angeblich noch mit 100 Jahren Kinder zeugen und schwere Feldarbeit leisten. In Sachen Eigen-PR sind sie jedenfalls gut.

Ein kleiner Wasserfall, der sich aus dem Gletscher speist, ist etwas oberhalb der Hütte das Tagesziel. Dann manchen wir uns an den Abstieg. Die besser erkennbare Route macht ihn deutlich bequemer. Trotzdem haben wir insgesamt zu wenig Trinkwasser mitgenommen. Als wir um 16 Uhr wieder Karimabad erreichen, bestehe ich darauf, dass die erstbeste Fanta-Flasche sofort gekauft wird. Aman ist von meiner wilden Entschlossenheit derart eingeschüchtert, dass er keinen Anflug von Widerspruch oder Vertröstung wagt.

Mein Traum vom Cappuccino und Walnuss-Kuchen im *Café de Hunza* wird trotzdem ein Traum bleiben. Wir hatten diesen Vorposten westlicher Kulinarik gestern im ersten Stock eines unscheinbaren Geschäftshauses entdeckt. Der Besitzer Shafqat Ali arbeitet, wie er mir nebenbei erzählt, eigentlich als Assistent fürs Geographische Institut der Universität Bonn. Im Treppenhaus hat er Karten von Nord-Pakistan hängen, die von der Fakultät gezeichnet und herausgegeben wurden. Im Auftrag des Instituts wartet er Messgeräte, die das Wachstum bzw. die Abnahme der Gletscher im Norden Pakistans messen. Nachdem er in Bonn und der Schweiz das europäische Leben kennen gelernt hat, bietet er jetzt Rösti und Mandeltart, Kaffeespezialitäten und Walnusskuchen an – ein Geheimtipp für alle Globetrotter. Außerdem gibt es hier Bücher und Broschüren über die Region und etwas Kunsthandwerk und selbst gemachte Marmelade oder Honig zu kaufen. Wegen der angespannten Sicherheitslage im Land kommen nur wenige westliche Besucher - und wegen der ständigen Stromausfälle muss die Milch für den Cappuccino auf dem Gasherd erhitzt werden statt in der Espresso-Maschine. Wer dennoch bis hierher kommt, der ist meist hoch erfreut. Bei Facebook gefällt das Café über 700 Weltreisenden.

In und um Islamabad

Fast kommt etwas wie Wehmut auf, als wir am nächsten Morgen mit viel Drücken und Quetschen unsere Taschen schließen. Das Hunza-Tal liegt im strahlenden Sonnenschein. Es gäbe noch manches zu erkunden hier und manchen Berg zu bestaunen. Besonders im Herbst, wenn das Laub sich wegen der plötzlichen Nachtfröste intensiv färbt, soll es hier ausgesprochen malerisch sein. Die Hunzukutz selbst lieben natürlich vor allem den Frühling, wenn das Tal nach den oft harten Wintern in voller Blüte steht.

Mit einem neuen Wagen machen wir uns auf den Rückweg nach Gilgit. Wir sollen nun doch besser fliegen. Die Sicherheitslage ist unklar. Gerade der Ort Chilas, in dem man gewöhnlich auf dem Weg nach Islamabad eine Nacht verbringt, ist ein Zentrum der sunnitischen Islamisten. Von dort sollen auch die Attentäter gekommen sein, die das Massaker am Nanga Parbat verübt haben. Unser Agent möchte lieber kein Risiko eingehen. Uns erspart das 26 Stunden Fahrt auf dem Karakorum-Highway.

Unterhalb des Rakaposhi machen wir nochmals eine Foto-Pause. Heute liegt der Eisriese zwar im richtigen Licht, aber Wolken verhüllen ihn. Die Natur lässt sich hier besonders bitten, ihre Schönheiten preis zu geben. Dafür verläuft die Rückreise trotz einiger Stockungen auf der vollkommen unübersichtlichen Straßenbaustelle relativ unproblematisch. Um elf Uhr sind wir bereits in Gilgit, finden hier sogar einen funktionstüchtigen Geldautomaten und können unserem Begleiter nun endlich sein verdientes Trinkgeld übergeben. Aman bringt uns in eine Art Gästehaus, ein stattliches, weiß getünchtes Gebäude mit großem Garten. In einem verdunkelten Raum können wir dort auf weichen Sofas die Zeit überbrücken. Erst kommt mir das etwas unsinnig vor. Aber was sollen wir in Gilgit sonst unternehmen? Und als wir zwei Stunden später vor dem winzigen Abfertigungsgebäude des Flughafens stehen, ist mir auch klar, warum Aman mit uns keine Minute früher als nötig hier erscheinen wollte. Erst als die Maschine in Islamabad gestartet ist, werfen wir uns ins Getümmel.

Wenn es in Islamabad schon fremdartig war, so ist der Flughafen in Gilgit wahrlich abenteuerlich bis unheimlich. Personal in vier verschiedenen Uniformen, teils schwer bewaffnet, bemüht sich, das Chaos zu organisieren und steht sich dabei überwiegend gegenseitig im Weg. Die Angst vor unliebsamen Vorkommnissen ist hier offenbar groß. Oft fallen die Flüge unkalkulierbar tagelang aus. Jeder versucht deshalb, als erster eine der begehrten Bordkarten zu ergattern. Ein gültiges Ticket ist hier keineswegs eine Garantie, auch mitzukommen. Ein älterer Mann mit seiner offenbar kranken Frau führt ein endloses Palaver mit verschiedenen Uniformierten. Trotzdem lassen sie ihn nicht an Bord.

Schon am Eingang werden die Pässe und die E-Tickets kontrolliert. Aman wird von den Bewaffneten zurückgewiesen, weil er mit dem Auto nach Islamabad fahren wird. So müssen wir uns zunächst allein einen Weg zum Schalter bahnen. In dem engen Korridor, der dorthin führt, stapeln sich Taschen, verschnürte Pakete und Tüten. Es ist unglaublich laut. Auf zwei riesigen mechanischen Waagen wird das Gepäck gewogen. Allerdings ist es ein Fehler, sich davor anzustellen. Zuerst muss das Ticket in eine Bordkarte getauscht werden. Das hätten wir in dem Durcheinander vermutlich erst zu spät kapiert, wäre Aman nicht plötzlich wieder wie aus dem Nichts aufgetaucht. Es gebe andere Wege rein, sagt er. Das sei Pakistan. Mein Vertrauen in die Sicherheitskräfte wird dadurch nicht eben gestärkt. Jedenfalls kämpft Aman sich, die Papiere wedelnd, für uns zum Schalter durch und organisiert die begehrten Flugpässe. Dann verschwinden unsere Taschen irgendwo. Ich habe größte Zweifel, dass wir die wieder sehen. Anschließend heißt es Abschied nehmen. Wir wissen nicht, ob unser treuer Guide es bis zu unserem Abflug zurück in die Hauptstadt schaffen wird. Manchmal hat er uns ganz schön getrieben. Aber sein Einsatz hat unsere Expedition letztlich zum Erfolg geführt. Unser Dank ist ihm also gewiss.

Die Sicherheitskontrolle ist eher ein Witz. Dann können wir endlich unter ratternden Ventilatoren auf zwei Schalensitzen Platz nehmen. Um uns herum ein paar Geschäftsleute, ein paar Ausländer und einige einfache Leute. Ein älterer Herr aus Bayern spricht uns an. Er war mit einer Freundin im Land unterwegs, die hier Spenden einer Hilfsorganisation übergeben hat. Danach waren sie ein paar Tage wandern. Es sei toll, dass wir zweimal einen Flug erwischt hätten, meint er beeindruckt, geradezu sensationell.

Mir ist eher mulmig zumute. Ich denke an das Geschaukel auf dem Hinweg. Die PIA gehört nicht eben zu den für ihre Sicherheit bekannten Airlines. Die EU hatte dem Unternehmen 2007 sogar teilweise Landeverbot erteilt. Als schließlich noch ein hoher Offizier der pakistanischen Armee mit seiner Entourage an uns vorbei in die Businessclass klettert, wird mir angst und bange.

Von allen Regierungsgebäuden und Armeestützpunkten soll man sich bekanntlich möglichst weit entfernt halten. Immer wieder kommt es zu Anschlägen. Es gibt viele Gruppen, die mit der Regierung unzufrieden sind oder das Land destabilisieren wollen. Dann kommt auch noch die quäkende Stimme des Piloten durch die Lautsprecheranlage, der einen unruhigen Flug ankündigt. Mehrfach betont er, wir würden es - so Gott wolle - bis Islamabad schaffen.

Weil die kleinen Maschinen nicht so hoch aufsteigen können, sind sie der Thermik an den Bergen besonders stark ausgesetzt. Wir werden kräftig durchgerüttelt, während wir schließlich 4800 Meter über dem Talboden fast in Augenhöhe an der Flanke des Nanga Parbat entlang nach Süden fliegen und später den 4173 Meter hohen Babusar-Pass überqueren. Danach weichen die Berge zusehends zurück, werden zu grünen Hügeln und öffnen sich hin zur riesigen, vor Hitze flirrenden Ebene des Punjab. Der Sommermonsun ist eben im Anzug und treibt die Luftfeuchtigkeit in Schwindel erregende Höhen.

In Islamabad schlägt uns eine feuchte Wand aus 34 Grad heißer Luft entgegen. Praktisch augenblicklich kleben T-shirt und Hose am Körper. Eine Dunstglocke schwächt die Sonneneinstrahlung ab. Trotzdem ist es blendend heiß. Man fühlt sich wie betäubt. Doch immerhin sind wir sicher gelandet - und auch unser Gepäck taucht wieder auf. Ishak Ali verfrachtet uns höchstpersönlich in einen klimatisierten Van. Der Flughafen liegt zwischen der alten Stadt Rawalpindi und der modernen Hauptstadt Islamabad. Dorthin geht es in schneller Fahrt auf einem sechsspurigen Highway. Das Land ringsum ist grün und flach. Am Straßenrand stehen Reklametafeln. Auch der Eindruck der Stadt ist ein völlig anderer. Zunächst sehen wir gar keine Häuser. Riesige Grünanlagen mit hohen Bäumen säumen die breiten Straßen, die ein griechischer Stadtplaner im Auftrag der Regierung im Schachbrettmuster angelegt hat. Islamabad ist eine Kunststadt aus den 1960er-Jahren. Zuvor hatte sich das gesamte wirtschaftliche und politische Leben des Landes ganz im Süden in Karachi konzentriert. Mit der Neugründung am Fuß der Margalla Hills, des südlichsten Himalaja-Ausläufers, und umgeben von drei künstlichen Seen auf einer Höhe von 450 Metern über dem Meer sollte sich das ändern. Die meisten Unternehmen sind aber dennoch in Karachi geblieben.

Ihre 700 000 Einwohner merkt man der Stadt überhaupt nicht an. Islamabad wirkt fast so ruhig wie ein Friedhof und extrem aufgeräumt. Auch hier ist die Anspannung dennoch zu spüren. Ishak Ali erzählt, wer in die Nähe der Regierungsgebäude will, etwa zu einer der ausländischen Botschaften, der darf diesen abgesperrten Bereich nicht zu Fuß betreten – und schon gar nicht mit dem Auto vorfahren. Erst nach einer Durchleuchtung bringt ein Shuttlebus einen ans Ziel. Selbst ein Besuch bei McDonalds sei erst nach einer Fahrzeugkontrolle möglich.

Unser Ziel ist das Hunza-Guesthouse. Es ist nicht nur eine Lodge überwiegend für Wanderer und Bergsteiger, sondern auch ein Treffpunkt der aus Hunza stammenden Geschäftsleute, Agenten und Wanderführer. Das Anwesen liegt hinter hohen Mauern in einer ruhigen Seitenstraße. Weil in einer der großzügigen, gepflegten Stadtvillen nebenan auch ein Regierungsmitglied wohnt, ist die Zufahrt mit einem bewachten Schlagbaum versperrt. Das Refugium hier ist im Vergleich zum Rest des Landes eine andere Welt. Die Zimmer in unserem Gästehaus sind etwas verwohnt, aber großzügig und mit Klimaanlage. Man kann sie nach unseren Erlebnissen durchaus als luxuriös bezeichnen. Im kleinen Restaurant im Erdgeschoss serviert uns einer der hier arbeitenden jungen Männer Hähnchenkeulen mit Pommes frites und dazu gekühlte Cola.

Da es ein richtiges Stadtzentrum in Islamabad nicht gibt - jedes Quartier hat sein eigenes Versorgungszentrum mit Markt, Geschäften und Moschee - fahren wir am späten Nachmittag die kurze Strecke zur Schah-Faisal-Moshee. Sie ist wohl das markanteste Gebäude der Stadt und ihr religiöses Zentrum. Der damalige König von Saudi-Arabien, Faisal ibn Abd al-Aziz, hat den Bau finanziert, nachdem ihm die junge Kunststadt bei einem Besuch in den 1960er-Jahren imponiert hatte. 1984 wurde die Moschee eingeweiht. Der türkische Architekt Vedat Dalokay schuf einen quadratischen Betonbau, der mit seinem Spitzdach ein Beduinenzelt imitiert. Vier Minarette überragen das 40 Meter hohe Dach um das Doppelte und verleihen dem Komplex eine wunderbare Symmetrie. Von großen Terrassenflächen mit Wasserbecken umgeben, können hier bis zu 75 000 Menschen gleichzeitig beten.

Jetzt am Abend kurz vor dem Fastenbrechen ist dagegen wenig los. Im letzten Sonnenlicht herrscht eine entspannte Stimmung unter den Besuchern. Trotzdem fallen wir als einzige Ausländer besonders auf. Insofern bin ich froh, dass wir vor der Dunkelheit zurück im Gästehaus eintreffen. Am Abend besuchen wir mit Ishak Ali dann ein afghanisches Kebab-Haus. Endlich gibt es hier Fleisch nicht als Randprodukt neben spitzen Knochen, sondern auf schwere Metallspieße gereiht. Dazu knuspriges Brot und einen kühlen Lassi – wunderbar.

Entdeckungen im Punjab

Die Landschaft am Rande des Himalajas war schon in frühgeschichtlicher Zeit eine Knautschzone der Kulturen. Hier trafen große Handelsrouten aus Osten, Westen und Süden zusammen. Und mit den Handelswaren kamen auch religiöse, philosophische und kulturelle Einflüsse aus Indien, China und dem fernen Europa. In Taxila überschnitten sie sich auf bemerkenswerte Weise. Fast ein Jahrtausend lang war die Stadt ein bedeutendes geistiges Zentrum. Seit 1980 bereits gehören ihre Überreste zum kulturellen Welterbe.

Natürlich bestehe ich darauf, dass wir da hinfahren. Mit Ishak Ali und einem der Fahrer, die tagsüber im Gästehaus rumsitzen und auf Arbeit warten, machen wir uns auf den Weg. Es sind nur 35 Kilometer nach Norden, aber der mautpflichtige Highway hat an der passenden Stelle auf unserer Fahrbahn keine Abfahrt. So müssen wir ein ganzes Stück weiter fahren und anschließend wieder ein Stück zurück, bis wir die Ausgrabungen erreichen. Taxila wurde dem Ramayana-Epos nach von Bharata gegründet, einem Bruder der Vishnu-Inkarnation Rama. Dessen Sohn Taksha ließ sie auf einem Hügel ausbauen. Taxila heißt demnach „Hügel des Taksha" und illustriert vor allem das häufig in alten Kulturen anzutreffende Bestreben, sich auf bedeutende Urahnen zu berufen. Jedenfalls ist die Stadt schon im 6. Jahrhundert Regierungssitz der Gandhara, die im heutigen Afghanistan und nördlichen Pakistan herrschen. Die Region ist offenbar sehr fruchtbar und begehrt. Jedenfalls macht sich Darius I. 516 v. Chr. die Mühe, sie seinem persischen Großreich einzuverleiben. Knapp 200 Jahre später steht 326 v. Chr. der Makedonier Alexander der Große vor ihren Toren und übernimmt Taxila kampflos. Die Griechen halten sich kein Jahrzehnt lang, doch ihr Einfluss auf Kultur und Kunst ist beachtlich. Das sehen wir an zahlreichen Fundstücken im schönen Museum. An Säulenkapitellen oder in der Keramik etwa vermischen sich hellenistische mit indischen Motiven.

Nach den Griechen übernehmen die indischen Maurya die Stadt. Ein kriegslüsterner Spross der Königsfamilie wird hier Statthalter: Ashoka. Mit Macht drängt es ihn, die Grenzen des jungen Reiches auszudehnen, dessen Herrschaft er einst übernehmen will. Ashoka geht dabei im wahrsten Sinne über Leichen und hinterlässt eine Spur der Verwüstung. Irgendwann wird es aber selbst dem Feldherrn zu viel. Anders als Alexander begreift er offenbar, dass sich nicht alles Land unter einer Herrschaft bündeln lässt, dass darin auch gar kein Nutzen liegt. Als Vorwand seines Sinneswandels wechselt Ashoka zum jungen Buddhismus und wird zu seinem stärksten Förderer. Er sucht Frieden mit seinen Nachbarn, versucht soziale Spannungen durch gerechte Landverteilung und Bildung zu verhindern, verbietet Tieropfer und lebt vegetarisch. Und er fördert seine einstige Wirkungsstätte Taxila.

Wir besuchen die Reste des großen Stupas, der zu dieser Zeit entsteht. Die heutigen Ruinen mit einem Durchmesser von mehr als 50 Metern stammen allerdings von einem zweiten Bau aus dem Jahr 30. Auch die Grundmauern des angeschlossenen buddhistischen Klosters ragen noch gut erhalten aus dem hohen Gras. Wenig später sind wir ganz in der Nähe in Sirkap. Diese

Ruinenstadt wird bald nach dem Tod Ashokas von Griechen angelegt, die aus dem heutigen Norden Afghanistans ihr baktrisches Großreich bis hierher und nach Nordindien ausdehnen. Die streng geometrische Stadtanlage folgt antiken Grundmustern. Das lässt sich noch heute gut erkennen, als wir auf der breiten Hauptstraße die Ruinen auf einer Länge von 700 Metern durchqueren. Die Baktrier bringen wohl auch die Lehre Zarathustras mit nach Taxila. Der Lehrer soll in ihrem Herrschaftsgebiet nördlich des Hindukusch geboren worden sein. Reste eines Feuertempels liegen links der Hauptstraße.

Doch schnell wechselt Taxila erneut die Besitzer. Die Skythen kommen und bringen den Doppelkopfadler als Symbol der Stärke und des Sieges aus dem heutigen Kleinasien mit. Als Relief in eine kleine Pagode gemeißelt, ist er heute das Symbol der Ruinenstadt. Die kleine Plattform zeigt, wie sich abendländische und indische Einflüsse in Taxila mischen. Zwischen den angedeuteten griechischen Schmucksäulen mit korinthischen Kapitellen sind am Pagodenfuß abwechselnd griechische Spitzdächer und indische Bogendächer aus dem Stein gemeißelt. Die aus Persien stammenden Parther, die nach einem schweren Erdbeben im Jahr 30 n. Chr. die Stadt wieder aufbauen, scheuen sich also nicht, verschiedene Elemente zum Ruhm ihres Reiches zu nutzen. Ob die Architektur allerdings ein Beweis für die Weltoffenheit der Stadt ist, oder nur Dekoration, ist damit natürlich nicht gesagt. Für ersteres spricht die religiöse Toleranz verschiedensten Lehren gegenüber, die sich in den Ruinen wieder findet. Neben dem Feuertempel liegt ein Heiligtum der Jains. Und am Ende der Hauptstraße finden sich die Überreste der frühchristlichen Thomas-Kathedrale. Der ursprünglich größte Zweifler unter den zwölf Aposteln soll den neuen Glauben bis nach Chennai in Südindien gebracht haben. Auf seinem Weg soll er auch beim baktrischen Herrscher Gondophares in Taxila vorbeigeschaut haben. Jedenfalls kommen noch heute jedes Jahr pakistanische Christen zum Namenstag des Apostels nach Taxila, um in den Ruinen der Kirche Gottesdienst zu feiern.

Nach der Zeitenwende folgen den Parthern die Kushanen aus der heutigen chinesischen Provinz Gansu. Auch sie begründen ein Großreich, von dem wir Europäer heute kaum etwas wissen. Zwischen dem Römischen Reich, den persischen Sassaniden und dem chinesischen Kaiserreich bildet es das Bindeglied - und mittendrin liegt die Provinz Gandhara. Schon damals sind viele Handelskarawanen unterwegs und treffen oftmals in Taxila aufeinander. Dort blüht nochmals der Buddhismus auf, in seiner Tempelkunst mit graecorömischen Elementen bereichert. So sind es wohl die Griechen mit ihren menschelnden Göttern, die dafür sorgen, dass Buddha jetzt erstmals auch als Person und nicht nur symbolisch dargestellt wird.

Die Heilkunst des Ayurveda entsteht hier ebenso wie der philosophisch sehr anspruchsvolle Mahayana-Buddhismus. Seinen Anhängern geht es nicht nur um die eigene Erlösung aus dem Kreislauf des Leids. Sie haben eine universelle Perspektive und streben die Erlösung aller Lebewesen an. Eine wunderbare Utopie, die allerdings 455 schlagartig endet, als die weißen Hunnen die Stadt erobern. Die Männer aus der Steppe haben kein Verständnis für derart komplexe Wahrheiten. Sie rauben, brandschatzen und zerstören Taxila. Nie wieder wird sich die Stadt davon erholen.

Schweißgebadet von der unglaublichen Feuchtigkeit klettern wir nach der Besichtigung zurück ins Auto. Selbst ich bin sofort einverstanden, unsere Exkursion nun vorerst zu beenden und zum Lunch ins Gästehaus zurückzukehren. Es gibt wieder Hühnchen mit Pommes. Das gilt hier offenbar als ultimativ fortschrittlich, schmeckt aber auch gut. Zum Nachtisch erbitten wir frische Mango, für die Pakistan schließlich berühmt ist.

Nach einem Mittagsschlaf fahren wir mit dem Auto hinauf in die *Margalla-Hills*. Für hiesige Verhältnisse sind es tatsächlich Hügelchen - grün, dicht bewaldet und ein luftiges Naherholungsgebiet für die Städter aus Ialamabad. Eine gut ausgebaute Teerstraße windet sich in vielen Kehren fast 900 Meter bergan. Am Ende rollen wir auf einen riesigen Parkplatz mit einigen großen Restaurants. Kinder laufen aufgeregt durcheinander. Viele Bewohner aus Islamabad sind bereits angekommen, um hier nach dem Fastenbrechen sich den Bauch voll zu schlagen. Die meisten Frauen sind nicht oder nur andeutungsweise verschleiert. Die Lokale machen einen fast westlichen Eindruck. Es gibt eine *Frozen-Yoghurt-Bar*, Blumenkästen und Sonnenschirme. Selbst die Chill-out-Musik klingt fast westlich.

Wir halten uns etwas abseits und spazieren den Waldweg hinauf, der zum Gipfel des Hügels führt. Wieder passieren wir einen lausigen Armee-Posten. Die Hauptstadt wäre von hier oben mit Fernwaffen bequem zu beschießen. Ob die wenigen Soldaten in ihren uralten Zelten allerdings entschlossene Eindringlinge wirklich aufhalten könnten, ist fraglich. Mit einigen einheimischen Fotografen warten wir bis die Sonne im Dunst über der weit ausladenden Kunststadt versinkt. Dann suchen wir uns mit Ishak Ali zusammen einen Tisch auf der Terrasse des *La Montana*.

Ein Snackbuffet mit Kartoffel-Pakoras, Samosas, Frühlingsrollen, Nudelsalat, Linsen, Hühnerbeinen und anderem herzhaften Fingerfood ist aufgebaut, um den ersten Heißhunger der Gläubigen zu stillen. Erst danach beginnt die eigentliche Mahlzeit, die sich über Stunden hinzieht. Zum Nachtisch gibt es viele bunte Cremes und Puddings. Ishak erzählt uns, dass er zwar Ismaelit sei, sich aber von allem Religiösen stets ferngehalten habe. Auch fastet er selbst nicht. Religionen seien nur fürs einfache Volk, glaubt er, und zudem seien sie der Ursprung blutiger Konflikte. So viel abgeklärter Atheismus ist wieder eine neue Seite in diesem so schwer verständlichen Land.

Nach all den Bergen wollen wir uns zum Schluss noch etwas im Flachland des Punjab südlich von Islamabad umsehen. Die Hauptstadt selbst ist inzwischen ein autonomes Gebiet nach dem Vorbild von Washington DC. Der Punjab an der Ostgrenze zu Indien ist das eigentliche Kernstück Pakistans. Hier leben schätzungsweise über 90 Millionen Menschen. Nach der Teilung Indiens 1947 sind die buddhistischen Einwohner überwiegend über die Grenze ins Nachbarland nach Rajasthan, Kaschmir und in die gleichnamige indische Provinz gezogen. Dafür kamen von dort Hunderttausende Muslime. Von Befriedung kann seither keine Rede sein. Immer wieder gibt es Anschläge auf beiden Seiten der Grenze, so dass wir die Provinzhauptstadt Lahore aus Sicherheitsgründen, aber auch wegen des Klimas in dieser Jahreszeit, meiden müssen.

Stattdessen nimmt uns Karim, der junge Manager des Gästehauses, mit in die *Salt Range*. Karim hat im Internet eine Slowakin kennen gelernt und schließlich auch geheiratet. Jetzt wartet er seit Monaten auf sein Visum, um nach Bratislava ziehen zu können.

Da der Kleinstaat in Pakistan keine Botschaft unterhält, musste Karim wiederholt in der tschechischen Vertretung vorsprechen. Offenbar haben sich die Botschaftsbeamten dort für seinen Fall aber kaum interessiert. Mehrfach ist er deshalb zur nächstgelegenen slowakischen Botschaft nach Teheran gereist. Aber trotzdem gestaltet sich die Sache offenbar schwierig. Was er in der neuen Umgebung beruflich machen will, weiß Karim noch nicht. Irgendetwas mit Tourismus schwebt ihm vor. Aber er könne auch Trockenfrüchte aus dem Hunza-Tal verkaufen oder Kunsthandwerk. Er hat gehört, das sei in Europa sehr begehrt. Geschäftstüchtig sind die Hunzukutz jedenfalls alle und sie pflegen ihr Netzwerk untereinander. Auch wenn Ishak Ali skeptisch ist und Karim wohl lieber weiterhin als Manager im Gästehauses sähe, wird der Pakistani sich vielleicht wirklich seinen Traum erfüllen in der globalisierten Welt.

Heute aber zeigt er uns erstmal die Gegend. Die *Salt Range* ist ein 200 Kilometer langes Mittelgebirge, das schon in der Antike große Bedeutung hatte. Nach den letzten Wochen erscheint es uns wie harmloses Flachland. Schon Alexander der Große soll am Südhang des Gebirges Steinsalz entdeckt haben, als sein Pferd im Boden scharrte und anschließend daran leckte. Angeblich ließ der Heerführer daraufhin erste Ladungen des begehrten Minerals abschlagen und abtransportieren. Heute besteht bei Khewra die angeblich zweitgrößte Salzmine der Welt. Trotz ihrer Bedeutung erreichen wir sie von der *Grand Trunk Road,* der zentralen Fernstraße von Peschawar über Rawalpindi und Lahore bis nach Kalkutta, nur über eine sehr schlechte Verbindungsstraße über die Berge. Einmal angekommen, sind wir über die Infrastruktur tatsächlich überrascht. Es gibt einen großen Parkplatz mit Sonnendächern. Mit einer kleinen Grubenbahn kann man gegen Aufpreis rund einen Kilometer weit in den touristischen Teil des Bergwerks hineinfahren. Wir nehmen uns einen Führer und laufen den Weg. Nach der drückenden Hitze draußen ist es im Zugangsstollen mit 18 Grad Celsius wunderbar kühl. Dutzende Familien aus dem Dorf oberhalb lagern links und rechts auf alten Decken und Matratzen. Da gläubige Moslems im Ramadan auch nichts trinken dürfen, sind die schwülheißen Tage hier für viele sonst kaum zu ertragen.

Kaum haben wir das Tageslicht hinter uns gelassen, versinkt die Mine durch einen Powercut in totaler Finsternis. Zum Glück hat unser Begleiter eine starke Taschenlampe dabei. Unbeirrt läuft er weiter in den Berg hinein. Trotz einer Tagesförderung von 2600 Tonnen sei die Mine erst zu 18 Prozent ausgebeutet, erzählt er. 2002 hat die Minenverwaltung einen Teil öffentlich zugänglich gemacht. Heute ist das Bergwerk ein beliebter Ausflugsort vor allem für einheimische Besucher. Kaum ist das Licht nach 15 Minuten wieder an, zockelt tatsächlich die Grubenbahn mit einer Ladung Ausflügler über die Gleise. Wir sehen die tiefen Gruben, aus denen das Salz gefördert worden ist. Für die Besucher hat man zudem einige Stollenpassagen blank poliert. Rot, weiß und violett leuchtet das Salz im Licht der Scheinwerfer. Sogar eine Moschee aus beleuchteten Salzblöcken haben die Minenarbeiter aufgebaut. Weiter hinten in einer riesigen Kammer wurden historische Gebäude im Land nachgebaut. In einem anderen Tunnel eine Stollenebene tiefer hat man Salzkristalle gezüchtet. Schillernd hängen sie wie Tausende kleine Sterne blinkend von der Decke und den Wänden. Pumpen müssen hier stets den Wasserspiegel senken, damit dieser Teil des Bergwerks nicht absäuft. Zwei Stunden lang erleben wir ein völlig anderes Pakistan.

Dass die Gegend schon frühzeitig kulturell bedeutsam war und einen zusammenhängenden Kulturraum mit dem heutigen Nordindien bildete, sehen wir dagegen in Ketas. Dieser kleine Ort ist noch heute ein wichtiges Hindu-Heiligtum. Im Rahmen der Entspannungspolitik wird es von Archäologen im Auftrag der Provinzregierung gerade eher notdürftig hergerichtet und soll in den nächsten Jahren auch vermehrt Touristen anlocken. Arbeiter pflastern in der staubigen Mittagshitze gerade die Zufahrtsstraße. Jeder Handgriff ist eine pure Qual. Dabei liegt Ketas wirklich malerisch auf Hügeln um einen grünblauen heiligen See herum. Der wichtige Hindu-Gott Shiva soll hier eine Träne um seine verblichene Gattin Sati vergossen haben. Viele Hindus glauben, der See sei deshalb unendlich tief. Die zweite Träne fiel übrigens in Pushkar in Rajasthan, wo es ebenfalls einen unerwarteten See gibt. Viele Hindus pilgern dorthin, um ihre Seele in speziellen Zeremonien, den Pujas, von Brahmanen reinigen zu lassen.

Hier in Ketas sind Pilger allenfalls geduldet. Ein Wächter schließt uns diverse Tempel und Schreine auf. An wenigen Stellen sind noch bunte Malereireste erhalten geblieben. Kuppeln, Shikhara-Türme, Schulen und Pilgerzellen liegen dicht gedrängt um den See. In den letzten Jahrzehnten ist das Heiligtum aber unter der islamischen Regierung kaum noch genutzt worden und weitgehend verfallen. Fast schon ein Wunder, dass es überhaupt noch steht. Man kann nur hoffen, dass die Regierung sich ihres kulturellen Erbes besinnt. Immerhin war Ketas schon unter Kaiser Ashoka vor 2200 Jahren ein wichtiges geistiges Zentrum im

Gandhara-Reich, auch wenn die heutigen Tempel erst im 7. bis 10. Jahrhundert entstanden sind.

Auch die Ruinen des Rohtas-Forts erinnern an die engen Bindungen nach Rajasthan in der Vergangenheit. Wir erreichen die Anlage mit etwas Glück gerade noch zum Sonnenuntergang. Im 16. Jahrhundert gehörte das Gebiet zum mächtigen indischen Mogul-Reich. Nachdem der Heerführer Sher Sha Suri den Mogul-Kaiser Humayun aus Delhi vertrieben hatte, ließ er ab 1543 die riesige Anlage bauen, um die *Salt Range* und eine wichtige Nord-Süd-Route zu sichern. Fünf Kilometer lang ist die Umfassungsmauer, die wir von der Ruine des alten Palastes teils nur erahnen können. Zwölf mächtige Tore und 68 Bastionen schützten das Fort. Mittendrin ist heute ein ziemlich heruntergekommenes Dorf. Esel, Ziegen und Kamele laufen über die Straßen. Doch im Licht der Abendsonne wirken die Außentore aus roten Ziegeln noch immer eindrucksvoll.

Seine Aufgabe hat das Fort trotzdem nicht erfüllt. Kaum war Sher Sha Suri gestorben, vertrieb Akbar der Große, der rechtmäßige Nachfolger Humayuns, den Erben des Aufständischen. So eindrucksvoll wirkte offenbar Akbars Aufgebot samt Kriegselefanten und Kanonen, dass die 10 000 dort stationierten Soldaten das Fort kampflos übergaben. Für uns hat das den Vorteil, dass die Anlage in großen Teilen noch recht vollständig erhalten ist, auch wenn sie nach Akbars Sieg militärisch bedeutungslos und bald gänzlich aufgegeben wurde. Akbar wurde zum größten Herrscher der Mogul-Dynastie, der das Reich mit Kriegslist, aber auch mit Diplomatie und religiöser Toleranz nachhaltig stabilisierte. Ganz bewusst nahm er eine Hindu-Prinzessin zur Frau und sorgte damit für einen Ausgleich der beiden Religionen.

Nach so viel Geschichte fahren wir in die hereinbrechende Nacht hinein zurück nach Islamabad. Unsere Expedition endet so unspektakulär, wie sie begonnen hatte. Für die letzten Rupien kauft Christoph als Mitbringsel an einem Straßenstand noch ein paar der zuckersüßen Mangos. Der Himmel hängt voller Wolken. Der Sommermonsun zieht auf. Mitten in der Nacht fahren wir schließlich durch warmen Regen und menschenleere Straßen hinaus zum Flughafen.

Ausgewählte Literatur

Tariq Ali, Pakistan. Ein Staat zwischen Diktatur und Korruption, München 2008

Michael Beek, Pakistan. Land, Geschichte, Kultur, Trekkingführer, Wittlich 2006

Jochen Hippler, Das gefährlichste Land der Welt? Pakistan zwischen Militärherrschaft, Extremismus und Demokratie, Köln 2008

Kunst- und Ausstellungshalle der BRD, Gandhara. Das buddhistische Erbe Pakistans. Legenden, Klöster und Paradiese, Darmstadt 2008

Katja Mielke/Conrad Schetter, Pakistan. Land der Extreme, München 2013

Jörg Mittelsten Scheid, Pulverfass Pakistan: Eine Gefahr für den globalen Frieden?, Berlin 2013

Ahmed Rashid, Am Abgrund: Pakistan, Afghanistan und der Westen, London 2012

Jakob Rösel, Pakistan. Kunststaat, Militärstaat und Krisenstaat, Münster 2011

Tonny Rosini, Pakistan. Kunst-Reiseführer. Drei Hochkulturen am Indus: Harappa - Gandhara - Die Moguln, Ostfildern 1990

Conrad Schetter, Bernhard Chiari, Wegweiser zur Geschichte: Pakistan, Paderborn 2010

Moritz Steinhilber, Pakistan mit Trekking, Kultur, Geschichte, Mössingen 2011

Susanne Thiel, Kulturschock Pakistan, Bielefeld 2012

Martin Wein im Wiesenburg Verlag

Martin Wein im Wiesenburg Verlag

Abenteuer im Eis

Island, Grönland, Patagonien und Antarktis

1911, die Welt ist in Bewegung: Eigentlich will Roald Amundsen als erster zum Nordpol, Doch Edward Peary beansprucht den Triumph. Heimlich segelt Amundsen südwärts, eilt im hitzigen Wettlauf mit Robert Scott durch die antarktischen Breiten. Am 11. Dezember steht er am Südpol. Scott und seine Männer aber kommen Monate später um. 1914 will Ernest Shackleton den Südkontinent durchqueren. Er scheitert. Nur mit übermenschlicher Anstrengung bringt er seine Mannschaft zurück. Damit geht die Ära der alten Polarforscher zu Ende. Doch riesige Gebiete auf Grönland und in der Antarktis sind trotz aller technischen Hilfe bis heute frei von jeder menschlichen Fußspur

Wie reist es sich ein Jahrhundert später in die Kältekammern des Planeten? Wie hat sich die Welt dort seither gewandelt und welche Veränderungen bringt der längst spürbare Klimawandel? Martin Wein wagt sich, mit vielen Exkursen zu den Entdeckern und ihrer Geschichte, nach Island auf den Feuer speienden Vulkan Eyjarfjalla, trotzt einem Schneesturm in Ostgrönland, wandert auf den Spuren der Nordmänner durch die weglosen Berge der Südwestküste. Über 4000 Kilometer durch Patagonien nähert er sich dem großen Süden und reist per Schiff zum Grab Shackletons und zu den Königspinguinen Süd-Georgiens, zu den einsamen Forschern auf den Süd-Orkney-Inseln und zum antarktischen Festland. Das Abenteuer reist dabei noch heute mit.

gebunden, 260 Seiten, 48 Farbbilder
ISBN 978- 3942063821